车站接发列车工作

主 编 徐小勇
主 审 马文通
副主编 刘广武
参 编 刘新强 申 红
　　　 王艳艳 张汉强

西南交通大学出版社
·成都·

图书在版编目（CIP）数据

车站接发列车工作 / 徐小勇主编. —成都：西南交通大学出版社，2023.9（2024.8 重印）
ISBN 978-7-5643-8494-4

Ⅰ. ①车… Ⅱ. ①徐… Ⅲ. ①铁路车站–车站作业 Ⅳ. ①U292.15

中国国家版本馆 CIP 数据核字（2023）第 177803 号

Chezhan Jiefa Lieche Gongzuo
车站接发列车工作

主　编 / 徐小勇	责任编辑 / 周　杨
	封面设计 / 墨创文化

西南交通大学出版社出版发行
（四川省成都市金牛区二环路北一段 111 号西南交通大学创新大厦 21 楼　610031）
发行部电话：028-87600564　　028-87600533
网址：http://www.xnjdcbs.com
印刷：成都中永印务有限责任公司

成品尺寸　185 mm×260 mm
印张　10.25　字数　256 千
版次　2023 年 9 月第 1 版　　印次　2024 年 8 月第 2 次

书号　ISBN 978-7-5643-8494-4
定价　36.00 元

课件咨询电话：028-81435775
图书如有印装质量问题　本社负责退换
版权所有　盗版必究　举报电话：028-87600562

前 言
PREFACE

　　接发列车工作，是铁路运输生产中重要的工作环节之一，直接关系着列车的运行安全和运输效率。由于参加接发列车工作的人员多、作业环节复杂，在接发列车工作中的任何疏忽或差错，都可能导致列车晚点或行车事故；而非正常情况接发列车因其"非正常"性和"非经常"性，接发列车人员在这方面的业务技能相对比较薄弱，因而也更容易发生行车事故。本书是为提高车站接发列车人员的应变处置能力和实际操作技能编写的，可作为车站（助理）值班员、信号员理论和实作技能培训教材。

　　近几年来，我国高速铁路发展迅速，截至 2022 年年底，我国铁路里程已达到 15.5 万千米，其中高速铁路已经达到 4.2 万千米，高速铁路的普及也给铁路接发列车工作带来了重大的变化，原有的教材在这一部分有较大的缺失。

　　2021 年，中国国家铁路集团有限公司颁布了新的《铁路接发列车作业》标准和《铁路车机联控作业》标准，原有的作业程序、岗位设置和人员分工发生了重要的变化，原有的教材已经无法适应铁路一线工作和人员培训的需要。

　　本书主要包括三部分内容：接发列车工作认知、接发列车作业程序和非正常情况接发列车。全书以现行《铁路技术管理规程》和 2021 年颁布的《铁路接发列车作业》标准为依据，以适合现场实际操作为出发点，以接发列车项目为基础，以接发列车作业标准为中心，以非正常情况下的接发列车为重点，系统阐述了接发列车的方法及注意事项，具有一定的理论性和较强的实用性。

　　本书由西安铁路职业技术学院徐小勇教授主编，西安铁路集团公司运输部副主任、高级工程师马文通主审。徐小勇主要负责编写项目一的任务 1.1 至任务 1.4，西安铁路职业技术学院刘广武负责编写项目一的任务 1.5 至任务 1.8，西安铁路职业技术学院刘新强、王艳艳编写项目二，西安铁路职业技术学院申红和西安铁路集团公司张汉强编写项目三。本教材是西安铁路职业技术学院新型教材建设项目《铁路接发列车作业》的成果之一。

　　由于编者水平有限，书中难免有疏漏之处，恳请广大读者批评指正。

编　者
2023 年 5 月

目 录 CONTENTS

项目 1 接发列车工作认知

任务 1.1　车站及线路使用 ………………………………………………… 001
　　1.1.1　接发列车的概述 ………………………………………………… 001
　　1.1.2　车站的定义和作用 ……………………………………………… 002
　　1.1.3　车站的分类与分等 ……………………………………………… 002
　　1.1.4　车站办理的作业和设备 ………………………………………… 003
　　1.1.5　接发车线路的合理使用 ………………………………………… 005

任务 1.2　列车的定义及分类 ……………………………………………… 007
　　1.2.1　列车的定义 ……………………………………………………… 007
　　1.2.2　列车分类和等级 ………………………………………………… 007
　　1.2.3　列车车次 ………………………………………………………… 009

任务 1.3　接发列车进路 …………………………………………………… 012
　　1.3.1　进路的概念及分类 ……………………………………………… 012
　　1.3.2　列车进路建立的条件 …………………………………………… 014
　　1.3.3　基本进路 ………………………………………………………… 014
　　1.3.4　变通进路 ………………………………………………………… 014
　　1.3.5　敌对进路 ………………………………………………………… 017

任务 1.4　计算机联锁设备及使用 ………………………………………… 021
　　1.4.1　联锁的概念 ……………………………………………………… 021
　　1.4.2　联锁的分类 ……………………………………………………… 022
　　1.4.3　计算机联锁的功能 ……………………………………………… 023
　　1.4.4　计算机联锁的操作界面 ………………………………………… 024
　　1.4.5　进路的办理 ……………………………………………………… 026

1.4.6　进路的解锁⋯⋯⋯⋯⋯⋯⋯⋯⋯⋯⋯⋯⋯⋯⋯⋯⋯⋯⋯⋯⋯⋯⋯ 028
　　1.4.7　道岔的单操和单封、单锁与解锁⋯⋯⋯⋯⋯⋯⋯⋯⋯⋯⋯⋯⋯⋯ 029

任务 1.5　行车闭塞法及闭塞设备⋯⋯⋯⋯⋯⋯⋯⋯⋯⋯⋯⋯⋯⋯⋯⋯⋯⋯⋯ 030
　　1.5.1　区间及闭塞分区的划分⋯⋯⋯⋯⋯⋯⋯⋯⋯⋯⋯⋯⋯⋯⋯⋯⋯ 030
　　1.5.2　行车闭塞法的分类⋯⋯⋯⋯⋯⋯⋯⋯⋯⋯⋯⋯⋯⋯⋯⋯⋯⋯⋯ 031
　　1.5.3　区间的状态⋯⋯⋯⋯⋯⋯⋯⋯⋯⋯⋯⋯⋯⋯⋯⋯⋯⋯⋯⋯⋯⋯ 032
　　1.5.4　发车权（区间占用权）⋯⋯⋯⋯⋯⋯⋯⋯⋯⋯⋯⋯⋯⋯⋯⋯⋯ 032

任务 1.6　行车凭证⋯⋯⋯⋯⋯⋯⋯⋯⋯⋯⋯⋯⋯⋯⋯⋯⋯⋯⋯⋯⋯⋯⋯⋯⋯ 033
　　1.6.1　行车凭证的分类和作用⋯⋯⋯⋯⋯⋯⋯⋯⋯⋯⋯⋯⋯⋯⋯⋯⋯ 033
　　1.6.2　路　票⋯⋯⋯⋯⋯⋯⋯⋯⋯⋯⋯⋯⋯⋯⋯⋯⋯⋯⋯⋯⋯⋯⋯ 034
　　1.6.3　绿色许可证⋯⋯⋯⋯⋯⋯⋯⋯⋯⋯⋯⋯⋯⋯⋯⋯⋯⋯⋯⋯⋯⋯ 037
　　1.6.4　慢行通知书（附件 8 书面通知）⋯⋯⋯⋯⋯⋯⋯⋯⋯⋯⋯⋯⋯ 040
　　1.6.5　红色许可证⋯⋯⋯⋯⋯⋯⋯⋯⋯⋯⋯⋯⋯⋯⋯⋯⋯⋯⋯⋯⋯⋯ 041
　　1.6.6　调度命令⋯⋯⋯⋯⋯⋯⋯⋯⋯⋯⋯⋯⋯⋯⋯⋯⋯⋯⋯⋯⋯⋯⋯ 047
　　1.6.7　出站（跟踪）调车通知书⋯⋯⋯⋯⋯⋯⋯⋯⋯⋯⋯⋯⋯⋯⋯⋯ 051

任务 1.7　接发列车的主要项目⋯⋯⋯⋯⋯⋯⋯⋯⋯⋯⋯⋯⋯⋯⋯⋯⋯⋯⋯⋯ 055
　　1.7.1　办理闭塞应确认区间空闲⋯⋯⋯⋯⋯⋯⋯⋯⋯⋯⋯⋯⋯⋯⋯⋯ 056
　　1.7.2　进路的布置、准备及确认⋯⋯⋯⋯⋯⋯⋯⋯⋯⋯⋯⋯⋯⋯⋯⋯ 056
　　1.7.3　信号机的开闭时机⋯⋯⋯⋯⋯⋯⋯⋯⋯⋯⋯⋯⋯⋯⋯⋯⋯⋯⋯ 060
　　1.7.4　交接凭证⋯⋯⋯⋯⋯⋯⋯⋯⋯⋯⋯⋯⋯⋯⋯⋯⋯⋯⋯⋯⋯⋯⋯ 061
　　1.7.5　接送列车⋯⋯⋯⋯⋯⋯⋯⋯⋯⋯⋯⋯⋯⋯⋯⋯⋯⋯⋯⋯⋯⋯⋯ 061
　　1.7.6　发　车⋯⋯⋯⋯⋯⋯⋯⋯⋯⋯⋯⋯⋯⋯⋯⋯⋯⋯⋯⋯⋯⋯⋯ 062
　　1.7.7　开通区间及报点⋯⋯⋯⋯⋯⋯⋯⋯⋯⋯⋯⋯⋯⋯⋯⋯⋯⋯⋯⋯ 063
　　1.7.8　车机联控⋯⋯⋯⋯⋯⋯⋯⋯⋯⋯⋯⋯⋯⋯⋯⋯⋯⋯⋯⋯⋯⋯⋯ 063
　　1.7.9　进路的变更⋯⋯⋯⋯⋯⋯⋯⋯⋯⋯⋯⋯⋯⋯⋯⋯⋯⋯⋯⋯⋯⋯ 064
　　1.7.10　列车在站内临时停车的处理⋯⋯⋯⋯⋯⋯⋯⋯⋯⋯⋯⋯⋯⋯⋯ 065

任务 1.8　车机联控⋯⋯⋯⋯⋯⋯⋯⋯⋯⋯⋯⋯⋯⋯⋯⋯⋯⋯⋯⋯⋯⋯⋯⋯⋯ 065
　　1.8.1　车机联控的设备要求⋯⋯⋯⋯⋯⋯⋯⋯⋯⋯⋯⋯⋯⋯⋯⋯⋯⋯ 065
　　1.8.2　车机联控作业人员及要求⋯⋯⋯⋯⋯⋯⋯⋯⋯⋯⋯⋯⋯⋯⋯⋯ 065
　　1.8.3　车机联控的信息⋯⋯⋯⋯⋯⋯⋯⋯⋯⋯⋯⋯⋯⋯⋯⋯⋯⋯⋯⋯ 066
　　1.8.4　车站值班员车机联控要求⋯⋯⋯⋯⋯⋯⋯⋯⋯⋯⋯⋯⋯⋯⋯⋯ 066
　　1.8.5　车机联控作业标准⋯⋯⋯⋯⋯⋯⋯⋯⋯⋯⋯⋯⋯⋯⋯⋯⋯⋯⋯ 067

项目 2 接发列车作业程序

任务 2.1 单双线半自动闭塞集中联锁接发列车 ·········· 075
  2.1.1 半自动闭塞的特点 ·········· 075
  2.1.2 列车占用区间的行车凭证 ·········· 075
  2.1.3 单线半自动闭塞办理手续 ·········· 076
  2.1.4 半自动闭塞（设信号员）接发列车作业程序图 ·········· 077
  2.1.5 半自动闭塞接发列车作业程序 ·········· 078

任务 2.2 双线自动闭塞集中联锁接发列车 ·········· 084
  2.2.1 自动闭塞设备的使用特点 ·········· 084
  2.2.2 列车进入闭塞分区的行车凭证 ·········· 084
  2.2.3 自动闭塞接发列车程序图 ·········· 085
  2.2.4 自动闭塞（设信号员）接发列车作业程序 ·········· 086

任务 2.3 单线自动站间闭塞集中联锁接发列车 ·········· 091
  2.3.1 自动站间闭塞设备的使用特点 ·········· 091
  2.3.2 双向运行设备的使用 ·········· 092
  2.3.3 自动站间闭塞接发列车程序图 ·········· 093
  2.3.4 自动站间闭塞接发列车作业程序 ·········· 094

任务 2.4 调度集中接发列车 ·········· 099
  2.4.1 分散自律调度集中系统的功能 ·········· 100
  2.4.2 高速铁路接发列车作业程序图 ·········· 101
  2.4.3 高速铁路接发列车作业程序 ·········· 102

项目 3 非正常情况接发列车

任务 3.1 电话闭塞无联锁接发列车 ·········· 105
  3.1.1 电话闭塞的特点 ·········· 105
  3.1.2 采用电话闭塞的情况 ·········· 105
  3.1.3 电话记录号码 ·········· 106
  3.1.4 电话闭塞接发列车作业程序图 ·········· 107
  3.1.5 电话闭塞接发列车作业程序 ·········· 109

任务 3.2 轨道电路（信号机）故障接发列车 ·········· 117
  3.2.1 轨道电路 ·········· 117
  3.2.2 轨道电路发生故障时接发列车的注意事项 ·········· 118
  3.2.3 轨道电路故障引发事故的案例 ·········· 120
  3.2.4 防止轨道电路故障时接发列车事故的措施 ·········· 123

任务 3.3　引导接车 123
3.3.1　引导接车的使用范围及接车方式 124
3.3.2　在无联锁线路上接发列车时有关道岔加锁的规定 124
3.3.3　施工特定行车办法中的引导接车 126
3.3.4　集中联锁设备开放引导信号接车 126
3.3.5　引导接车事故案例 129

任务 3.4　一切电话中断接发列车 130
3.4.1　一切电话中断时的行车方法 130
3.4.2　优先发车站的确定 131
3.4.3　半自动闭塞区间发出第一列列车前应查明区间空闲 132
3.4.4　禁止发出的列车 132
3.4.5　单线车站呼唤5分钟无人应答行车办法 133

任务 3.5　特殊情况接发列车 133
3.5.1　半自动闭塞故障按钮的使用 133
3.5.2　列车在区间分部运行 136
3.5.3　站内无空闲线路接车 139
3.5.4　无双向闭塞设备的双线区间反方向或改单线行车 139
3.5.5　站内接触网停电接发列车办法 140
3.5.6　组合式重载列车接发 141
3.5.7　自动闭塞区间双线双向闭塞设备改变闭塞方向 144
3.5.8　列车退行 146

任务 3.6　施工维修时的接发列车 147
3.6.1　封锁区间的概念及分类 147
3.6.2　向封锁区间开行路用列车 147
3.6.3　向封锁区间开行救援列车 148
3.6.4　开行救援、路用列车事故案例 150

任务 3.7　相对方向同时接车及同方向同时发接列车 151
3.7.1　相对方向同时接车的概念 151
3.7.2　禁止办理相对方向同时接车 152
3.7.3　不能同时接车和不能同时发接列车的处理 154

参考文献 156

项目 1
接发列车工作认知

任务 1.1　车站及线路使用

1.1.1　接发列车的概述

1. 接发列车的定义

接发列车是车站（线路所）根据行车闭塞方式及技术设备条件，按照规定的程序办理列车接、发、通过的作业过程。

接车作业是指接车站从承认邻站发车时起至列车全部到达本站停于警冲标内方并办完开通区间有关作业为止的一段时间内所办理的全部作业。

发车作业是指发车站从向邻站请求发车（双线为预告发车）时起至列车全部开出站界并办完有关作业为止的一段时间内所办理的全部作业。

2. 接发列车的特点

（1）普遍性

接发列车作业是所有铁路车站必须进行的一项作业，对于很多不办理客货运输的小站来说，接发列车是唯一的一项行车作业。列车运行的全程在每一个车站都要进行接发列车作业，各个车站每天都要办理几十上百趟列车接发作业。接发列车作业极其普遍，接发列车作业的工种是铁路运输和行车作业的第一大类工种。

（2）重要性

接发列车工作关系到列车运行正点和铁路线路的畅通。只有把每一列车正点地接进来、发出去，才能保证技术站列车解体和编组的正常进行，才能保障正线列车的运行秩序正常和畅通无阻，更好地完成客货运输任务。

（3）安全性

接发列车工作关系到列车运行的安全和旅客生命财产的安全。每一个环节都至关重要，任何细小的疏漏或违章都有可能造成列车进错股道的危险，甚至脱轨挤岔、列车颠覆导致人员伤亡。铁路运输历史上发生的重大事故中有一大部分都是由于接发列车设备故障、环境不良、违章作业等原因造成的，伤亡惨重、教训深刻。

（4）规范性

因为接发列车工种如此普遍、如此重要，跟安全关系如此紧密，所以铁路部门对接发列车作业的程序和方法进行了规范，颁布了《铁路接发列车作业》标准，要求各站接发列车时按标准执行，规范化作业。另外，接发列车有关设备的配置、人员的培训、岗位分工、协调配合等

方面都有相应的标准和依据，最大限度地避免作业的无序、提高作业效率、降低安全风险。

3. 接发列车作业要求

车站接发列车作业是列车运行的重要环节，参加接发列车工作的人员多、作业环节复杂，在接发列车中的任何疏忽或差错都可能造成列车晚点或行车事故，甚至影响运输全局。为此，凡参加接发列车工作的有关人员，都必须认真执行《铁路接发列车作业》标准所规定的程序和用语，贯彻责任制，做到安全、及时、准确、不间断地接发列车并严格按列车运行图行车。

保证铁路运输的安全、正点、畅通是铁路全体工作人员的目标和宗旨。安全是前提，正点是核心，畅通是目的。保证正点就要靠千千万万的车站行车人员遵章守纪、尽职尽责地完成每一趟列车的接发作业。

各类管理人员和技术人员要站到人民铁路为人民、安全第一、生命至上的高度严格认真地组织接发列车作业。

1.1.2 车站的定义和作用

车站是铁路线上设有配线的分界点。

在车站办理列车的接发和会让，通常还办理客货运输任务。

车站在铁路运输过程中主要有以下作用。

（1）车站是铁路运输业的基层生产单位，拥有铁路线路、站场、通信、信号等技术设备和行车、客运、货运、装卸等方面的工作人员。

（2）车站是办理客货运输的始发、中转和终到作业的地点，是铁路与运输有关的行车、客运、货运、机务、工务、电务、供电等部门协调进行生产活动的场所。

（3）车站将铁路线路划分为若干个区段和区间。例如，图1.1中的甲、乙、丙站，将该铁路线划分为甲—乙和乙—丙区段；A、B、C、D等站，将甲—乙区段划分为A—B、B—C、C—D等区间。

（4）车站是铁路对外展示的窗口，是铁路精神文化建设的重要阵地，同时也是所在城镇对外展示的名片和标签。

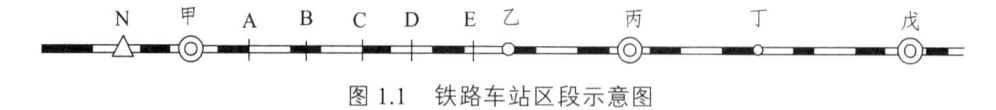

图1.1 铁路车站区段示意图

1.1.3 车站的分类与分等

1. 车站按业务性质分类

车站按业务性质分为营业站和非营业站，营业站是办理客运或货运业务的车站，非营业站不办理客货运业务。营业站又可以分为客运站、货运站、客货运站。

（1）客运站

专门为办理旅客运输而设的车站称为客运站。

客运站通常设在大城市或旅游胜地等有大量旅客到发的地点，主要担当旅客列车的始发、终到作业，以及为旅客提供旅行服务的业务。

（2）货运站

专门为办理货物运输而设的车站称为货运站。

货运站一般设在大城市、工矿地区和港口等有大量货物到发的地点，主要担当货物列车的始发、终到作业，以及与货运有关的业务。

（3）客货运站

既办理客运业务也办理货运业务的车站称为客货运站。

铁路网上大部分的车站都属非营业站，营业站中大多数属于客货运站，单独的客运员和货运站都是规模较大的车站。

2. 车站按技术作业分类

车站按技术作业分为：编组站、区段站、中间站。编组站和区段站统称为技术站。

（1）编组站

担当大量中转车流改编作业，编组直达、直通和其他列车的车站称为编组站。

编组站通常设在大量车流集中或消失的地点，或几条铁路线的交叉点。一个铁路枢纽一般会设置 1~2 个编组站。

编组站的主要作业是列车的解体和编组，所以编组站有"列车工厂"的绰号。编组站最大的特点是规模庞大。

（2）区段站

设于划分货物列车牵引区段的分界处或区段车流的集散地点，一般只改编区段到发车流，解体与编组区段、摘挂列车的车站，称为区段站。

区段站一般还进行更换货运机车或乘务员，对货物列车中的车辆进行技术检修和货运检查整理作业。

区段站最主要的作业是列车的中转改编。但区段站一般设置在中等城市所在地，会兼办其他作业，所以区段站最大的特点是作业全面。

（3）中间站

一般设在技术站之间的区段内，办理列车接发、会让和通过作业，摘挂列车的调车和装卸作业的车站，称为中间站。如图 1.1 中的 A、B、C、D 等车站。

中间站最主要的作业是接发列车，规模一般不太大，设在城镇和工矿企业所在地的中间站会办理一些客运作业或技术作业。中间站最主要的特点是数量众多。

此外，车站还可以按其他一些特征加以区分。例如，位于两相邻铁路局管辖分界处的车站，称为分界站；位于海河港湾地区的车站，称为港湾站等；设于国境口岸与国外铁路相通的车站也称为国境站。

3. 车站按业务等级分类

车站按其担负客货运量和技术作业量的大小，以及在政治、经济和铁路网上所处的地位，划分为特等站和一、二、三、四、五等站。特等站、一等站大都是专门的客运站、货运站或编组站。

1.1.4 车站办理的作业和设备

中间站、区段站、编组站在铁路网上所处的位置不同，它们所担当的作业量和配置的设

备也就不同。

1. 中间站

中间站是铁路网上数量最多的车站，除办理客运、货运业务外，主要还办理以下行车作业：

（1）接发列车是中间站最主要的行车工作，包括接车、发车和通过列车作业。

（2）摘挂车辆及向货物装卸地点取送车辆的调车作业。某些装卸作业量大或干支线衔接的中间站，还办理一些列车的解编调车作业。

（3）其他作业。例如，有大量列车始发终到的中间站还会办理一些技术作业；位于长大上下坡道前的中间站，对车辆自动制动机进行持续一定时间的全部试验、凉闸或更换闸瓦；使用补机地段两端的中间站，还要办理补机的摘挂作业等。

中间站的设备视其作业内容和工作量的大小而定，一般有以下客、货运和行车设备：

（1）站线：包括列车到发线和货物装卸线，调车作业量较大的中间站还有调车线和牵出线。

（2）客运设备：包括旅客站舍（售票房、候车室、行包房）、旅客站台。旅客到发较多的中间站还有雨棚和跨越设备（天桥、地道）等。

（3）货运设备：包括货物仓库、站台和货运室等。

（4）其他设备：包括信号、联锁、闭塞、通信、照明、信息设备和装卸机具等；电气化铁道的中间站还有牵引供电设备。

单线、双线铁路中间站的布置如图1.2和图1.3所示。

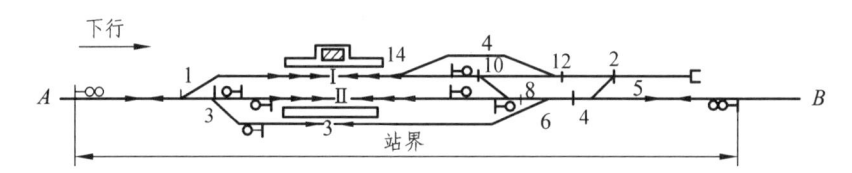

图1.2 单线铁路中间站布置示意图

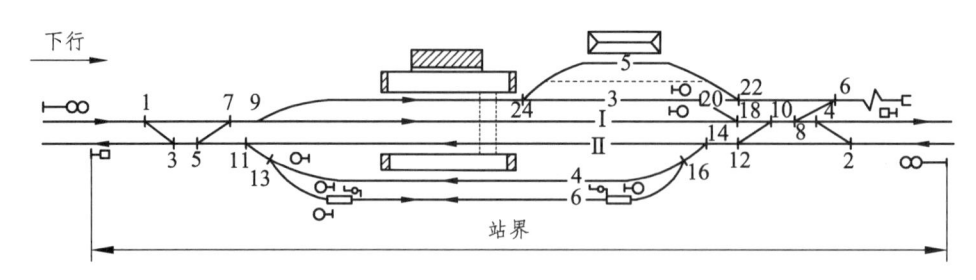

图1.3 双线铁路中间站布置示意图

2. 区段站

区段站设在机车牵引区段的分界处，除办理客货运业务外，主要办理以下行车（运转）作业：

（1）接车和发车作业。区段站一般不办理货物列车通过作业。

（2）中转列车作业。这是区段站的主要行车工作。为保证列车继续运行的安全和货物完整，货物列车要在区段站进行更换机车、检查车辆技术状态和货物装载情况等中转列车作业。

（3）区段列车、摘挂列车到达、解体、编组与出发作业。

（4）向货物装卸地点取送车辆的调车作业。

区段站除有中间站的全部设备外，还有以下主要技术设备：

（1）运转设备：包括列车到发场、调车场、牵出线或简易驼峰。

（2）机务设备：包括机务段或折返段内的机车检修与整备设备、站内的机车走行线和机待线等。

（3）车辆设备：包括车辆段或列车检修所、站修线和制动检修设备。

单线横列式区段站布置如图1.4所示。

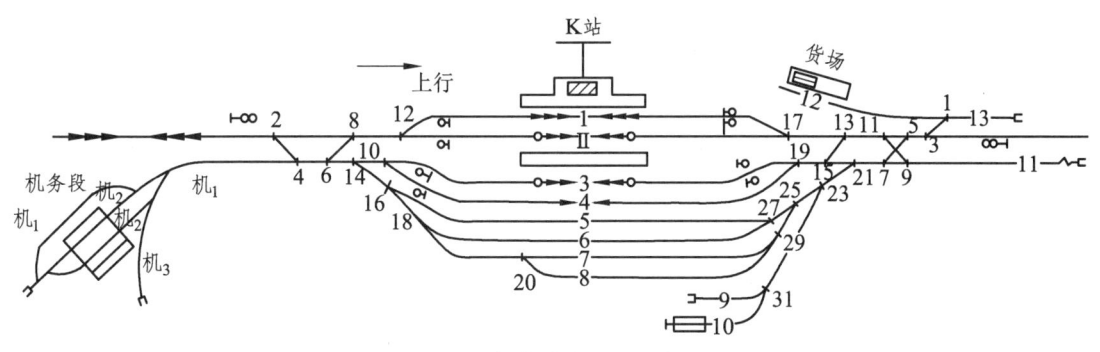

图1.4　单线横列式区段站布置图

3. 编组站

编组站除办理区段站的全部作业外，其主要行车工作是解体和编组列车。

编组站拥有比区段站数量更多、规模更大的列车到发场（包括到达场、出发场、到发场），具有线路更多的调车场，采用驼峰调车（机械化驼峰、半自动化或自动化驼峰），一般都设有机务段和车辆段。

二级四场编组站的布置如图1.5所示。

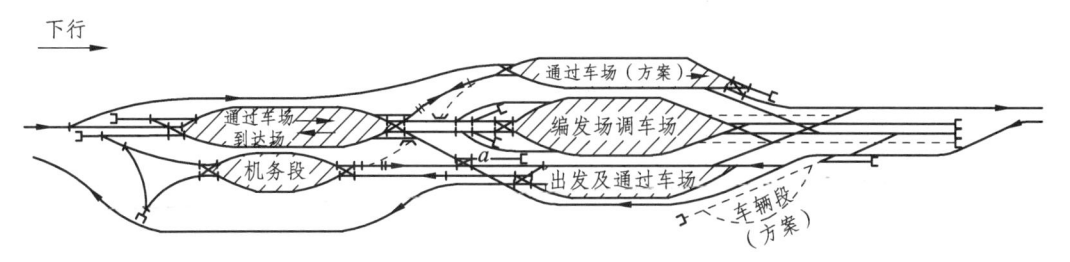

图1.5　二级四场编组站布置示意图

1.1.5　接发车线路的合理使用

正确、合理地使用接发车线路，对保证车站作业安全、减少作业干扰、提高运输效率有重要意义；同时，也为车站经常保持有不间断接发列车的空闲线路创造了条件。为保证接发列车安全，《铁路技术管理规程》和《车站行车工作细则》（以下简称《站细》）对站内所有线路的使用都有具体规定，在作业时应认真遵守。

1. 接发列车应在正线或到发线上办理

正线、到发线是专门为办理列车的接发和进行技术作业而设置的。正线和到发线的钢轨、道岔等设备标准比其他线路高，可以保证列车进出车站有较高的速度；正线和到发线有保证列车进路正确的联锁和指示列车运行条件的信号设备；有为旅客上下、行包装卸设置的站台；在技术站或较大中间站的到发线上，设有机车整备和列检作业的有关设备，便于进行技术作业；在车站线路布置上，考虑了列车到发与调车作业的紧密配合，保证车站的最大平行作业。因此，在正线、到发线办理接发列车，既保证了车站作业效率，又保证了接发列车的安全。特殊情况下，在非到发线上办理接发列车时必须要有调度命令准许。

（1）旅客列车、挂有超限货物车辆的列车，应接入固定线路。

对在本站停车的旅客列车，为保证旅客上下、行包装卸及旅客出入车站的安全，列车应接入靠近站台且设有平过道或天桥、地道等设备的线路。由于旅客列车较其他列车速度高，所以接发在站停车的旅客列车，侧向经过的单开道岔不得小于12号。

超限货物的宽度或高度超出机车车辆限界，与邻近的设备、建筑物或邻线的机车、车辆有刮撞的可能，为保证列车安全运行和货物完整、不损坏设备和建筑物，所以必须接入符合规定要求的线路。

车站接发旅客列车或挂有超限货物车辆列车的线路，应按上述要求固定，并在《站细》中规定，车站值班员要熟练掌握并严格遵守。

（2）特快旅客列车应在正线通过，其他通过列车原则上应在正线上通过。

正线设备较其他线路的质量和规格都高，为列车以高速通过车站提供有利条件。正线的出站信号一般都是高柱形的，为司机提供较好的瞭望条件；正线所经道岔位置绝大多数开通直向位置，以保证列车有较高速度，并能减少轮缘磨耗。所以，通过列车原则上应在正线通过，必须改由到发线通过时，还必须采取一定的安全措施。特快旅客列车速度都在120km/h以上，在车站通过时，更应考虑正线上通过。

（3）动车组仅限于在规定的股道及进路上接发。遇动车组不能在基本进路办理时，须经铁路局调度所值班主任准许并发布调度命令。

（4）其他列车应接入有利安全、便于作业的线路。

在中间站，有摘挂车辆作业的列车应接入靠近货场或专用线的线路，以减少对正线的干扰；在技术站，应根据列车的性质及在车站的作业要求接入有关车场、线群及线路；接入超长列车时应考虑到发线的有效长；军用列车应根据作业情况考虑是否接入特定的军用列车到发线。另外，有的铁路局明确规定，挂有双层集装箱车辆的列车禁止接入设有高度1100 mm及其以上站台的线路。

2. 保证车站有空闲的接车线路

保证车站经常有空闲的接车线路是车站值班员的重要职责。为此，车站值班员应做好组织工作，加强与列车调度员及有关部门的联系，随时了解列车运行情况，有计划、全面合理地运用到发线。为保证车站有不间断接车的空闲线路，应遵守下列规定：

（1）正线上不得停留车辆。

正线是列车通过车站的线路，正线上停留车辆就会影响列车运行，若列车改经道岔侧向通过车站，则会增加不安全因素。

（2）到发线上停留车辆须经批准并采取安全措施。

到发线是用来接发列车的专用线路，为保证列车在车站的到发和会让，列车在车站的技术作业，以及接发列车作业的安全，到发线不应停留车辆。在一些线路不繁忙的区段，当车站未设货物装卸线或货物装卸线不能满足要求，必须使用到发线进行装卸时，以及其他不得已原因必须在到发线上停留车辆时，须经车站值班员准许，以避免影响接车工作。中间站的到发线经常办理列车会让，若必须停留车辆时，除须经车站值班员准许外，还须得到列车调度员的准许，以便列车调度员在运行调整中全面考虑。

到发线停留车辆是一种特殊情况。在接发列车作业中，为防止有车线接车事故的发生，停有车辆的到发线的两端道岔，应扳向机车车辆不能进入该线的位置并加锁，这样可以防止接车时错误地将道岔开通该线，而造成有车线接车事故。当车站为集中联锁或到发线装有轨道电路时，由于轨道电路的作用，进站信号机不能开放，可以防止上述情况发生，故不必加锁。

任务 1.2　列车的定义及分类

1.2.1　列车的定义

按规定条件把车辆编成的车列，并挂有机车及规定的列车标志时，称为列车。也就是说，列车必须具备三个条件：

（1）按有关规定编成的车列。

列车编组的依据文件主要有三个：《列车编组计划》规定了编入列车中的车流内容和编挂方法；《列车运行图》规定了列车的重量和长度要求；《铁路技术管理规程》（以下简称《技规》）规定了编入列车中车辆的技术条件、编组隔离等技术要求。

（2）挂有牵引本次列车的机车。具体指承担牵引任务的本务机车和补机。

（3）有规定的列车标志。主要指列车的头灯、尾灯、列尾装置等。

单机（包括单机挂车）、动车及重型轨道车虽未具备列车条件，当指定有列车车次时，亦按列车办理。

动车组列车是固定编组的自走行列车。

1.2.2　列车分类和等级

为适应旅客和货物运输的不同需要，以市场为导向，以经济效益为中心，按照运输性质和用途，列车分类及等级顺序如下：

1. 旅客列车

旅客列车是以客车（包括代用客车）编组的，为运送旅客、行李、包裹、邮件的列车。旅客列车分类为：

（1）高速动车组旅客列车；

（2）城际动车组旅客列车；

（3）动车组旅客列车；
（4）直达特快旅客列车；
（5）特快旅客列车；
（6）快速旅客列车；
（7）普通旅客列车；
（8）通勤旅客列车；
（9）临时旅客列车；
（10）旅游列车。

2. 特快货物班列

特快货物班列是以 XL25T 行李车的形式编组，运行速度最高可达 160 km/h，主要服务于电商物流，在大城市之间固定时刻、固定区段、固定车底往返开行，整列直达，沿途无技术作业的货物列车。

3. 货物列车

货物列车是以运送货物的车辆或空货车编成的列车。其分类为：
（1）快运货物列车；
（2）煤炭直达列车；
（3）石油直达列车；
（4）始发直达列车；
（5）空车直达列车；
（6）技术直达列车；
（7）直通货物列车；
（8）区段货物列车；
（9）摘挂列车；
（10）小运转列车；
（11）重载货物列车；
（12）自备车列车；
（13）超限货物列车；
（14）保温列车。

部分货物列车分类如图 1.6 所示。

4. 军用列车

军用列车是指为国防建设、部队任务而开行的人员或物资列车。

5. 单机和路用列车

（1）单机；
（2）补机；
（3）动车组检测、确认列车；

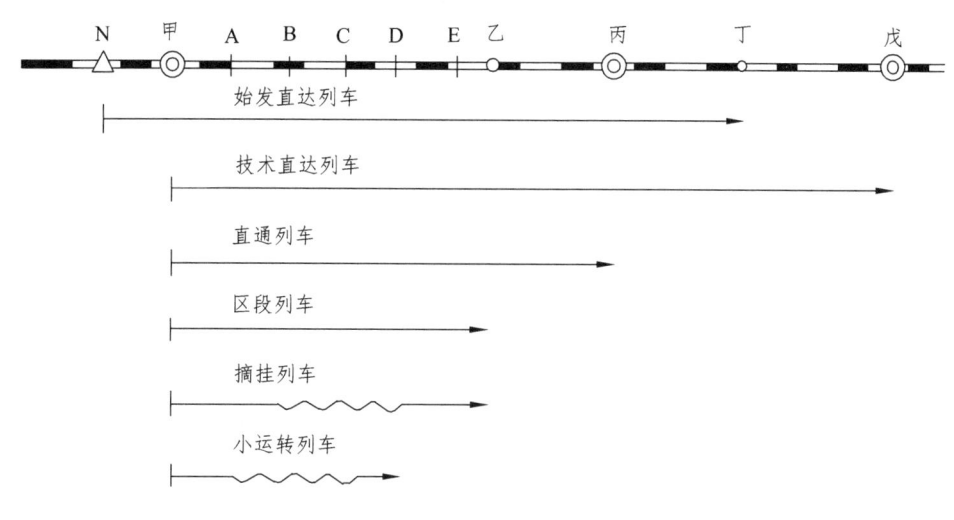

图 1.6　货物列车分类示意图

（4）试运转列车；
（5）轻油动车、轨道车；
（6）路用列车；
（7）救援列车；
（8）回送客车底列车。

列车运行中，按照等级先后进行运行调整和调度指挥，列车运行等级顺序如下：
（1）动车组列车；
（2）特快旅客列车；
（3）特快货物班列；
（4）快速旅客列车；
（5）普通旅客列车；
（6）军用列车；
（7）货物列车；
（8）路用列车。

开往事故现场救援、抢修、抢救的列车，应优先办理。

特殊指定的列车的等级，应在指定时确定。

1.2.3　列车车次

列车运行，原则上以开往北京方向为上行，车次编为偶数；相反方向为下行，车次编为奇数。在铁路支线上，一般由连接干线的车站开往支线的方向为下行，相反方向为上行。在个别区间使用直通车次时，可与上述规定方向不符。

为便于计划安排的具体掌握列车运行情况，各类列车均应有固定车次。这样，我们可以从不同的车次辨别该次列车的种类、等级和运行方向。我国铁路现行的列车车次编定如表 1.1 所示。

表 1.1 列车车次编定

列车种类	车次	备注
一、旅客列车		
1. 高速动车组旅客列车	G1—G9998	"G"读"高"
其中：直通	G1—G4998	（G4001—G4998为临客预留）
管内	G5001—G9998	（G9001—G9998为临客预留）
2. 动车组旅客列车	C1—C9998	"C"读"城" （C9001—C9998为临客预留）
3. 旅客列车	D1—D9998	"D"读"动"
其中：直通	D1—D4998	（D4001—D4998为临客预留）
管内	D5001—D9998	（D9001—D9998为临客预留）
4. 直达特快旅客列车（160 km/h）	Z1—Z9998	"Z"读"直"
其中：直通	Z1—Z4998	（Z4001—Z4998为临客预留）
管内	Z5001—Z9998	（Z9001—Z9998为临客预留）
5. 特快旅客列车（140 km/h）	T1—T9998	"T"读"特"
其中：直通	T1—T3998	（T3001—T3998为临客预留）
管内	T4001—T9998	（T4001—T4998为临客预留）
6. 快速旅客列车（120 km/h）	K1—K9998	"K"读"快"
其中：直通	K1—K4998	（K4001—K4998为临客预留）
管内	K5001—K9998	（K5001—K6998为临客预留）
7. 普通旅客列车（120 km/h）	1001—7598	
（1）普通旅客快车	1001—5998	
其中：直通	1001—3998	（3001—3998为临客预留）
管内	4001—5998	
（2）普通旅客慢车	6001—7598	
其中：直通	6001—6198	
管内	6201—7598	
8. 通勤列车	7601—8998	
9. 临时旅客列车（100 km/h）	L1—L9998	"L"读"临"
其中：直通	L1—L6998	
管内	L7001—L9998	
10. 旅游列车（120 km/h）	Y1—Y998	"Y"读"游"
其中：直通	Y1—Y498	
管内	Y501—Y998	
二、特快货物班列		
特快货物班列（160 km/h）	X1—X198	"X"读"行"

续表

列车种类	车　次	备　注
三、货物列车		
1. 快运货物列车		
（1）快速货物班列（120 km/h）	X201—X398	
（2）货物快运列车（120 km/h）	X401—X998	
直通	X2401—X2998	
（3）中欧、中亚集装箱班列，铁水联运班列	X8001—X9998	
中欧、中亚集装箱班列（120 km/h）	X8001—X8998	
中亚集装箱（普通货车标尺）	X9001—X9500	
水铁联运班列（普通货车标尺）	X9501—X9998	
（4）普快货物班列（普通货车标尺）	80001—81998	
2. 煤炭直达列车	82001—84998	
3. 石油直达列车	85001—85998	
4. 始发直达列车	86001—86998	
5. 空车直达列车	87001—87998	
6. 技术直达列车	10001—19998	
7. 直通货物列车	20001—29998	
8. 区段货物列车	30001—39998	
9. 摘挂列车	40001—44998	
10. 小运转列车	45001—49998	
11. 重载货物列车	71001—77998	
12. 自备车列车	60001—69998	
13. 超限货物列车	70001—70998	
14. 保温列车	78001—78998	
四、军用列车		
军用列车	90001—91998	
五、单机和路用列车		
1. 单机		
客车单机	50001—50998	
货车单机	51001—51998	
小运转单机	52001—52998	
2. 补机	53001—54998	
3. 动车组检测、确认列车		"DJ"读"动检"
（1）动车组检测列车	DJ1—DJ8998	
300 km/h检测列车	DJ1—DJ998	
直通	DJ1—DJ400	
管内	DJ401—DJ998	（范围比照管内快运货物列车）

续表

列车种类	车　次	备　注
250 km/h检测列车	DJ1001—DJ1998	
直通	DJ1001—DJ1400	
管内	DJ1401—DJ1998	（范围按管内快运货物列车数字前加1）
（2）动车组确认列车	DJ5001—DJ8998	
直通	DJ5001—DJ6998	
管内	DJ7001—DJ8998	（范围按管内快运货物列车数字前加7、8）
4. 试运转列车	55001—55998	
普通客、货列车	55001—55300	
300 km/h以上动车组	55301—55500	
250 km/h动车组	55501—55998	
5. 轻油动车、轨道车	56001—56998	
6. 路用列车	57001—57998	
7. 救援列车	58101—58998	
8. 回送客车底列车		"00"均为数字
有火回送动车组车底	001—00100	
无火回送动车组车底	00101—00298	
无火回送普速客车底	00301—00498	
回送图定客车底		图定车次前冠以数字"0"
因故折返旅客列车		原车次前冠以"F"读"返"

任务1.3　接发列车进路

进路是列车在车站内安全运行的关键，把好"进路关"是接发列车非常重要的一环。车站值班人员在接发列车中如果发生"错办进路"，就会导致挤道岔、脱轨、开错方向，甚至列车冲突事故。为了防止"错办进路"事故，车站值班人员必须拓宽知识面，认真分析形成"错办进路"事故的原因，从诸多的事故中吸取教训。结合各种非正常情况接发列车的具体情况，查找事故隐患，研究其发生规律，采取有效措施消灭事故隐患。

1.3.1　进路的概念及分类

在站内，列车、机车或调车车列由一个地点到另一个地点所运行的径路，就叫进路。进路按性质可分为列车进路和调车进路。

1. 列车进路

列车进路是指列车在站内所运行的径路。列车进路又分为接车进路、发车进路和通过进路。

（1）接车进路

接车进路是指接在站停车的列车时，由进站信号机起至接车线末端警冲标或出站信号机止的一段线路，如图1.7所示。

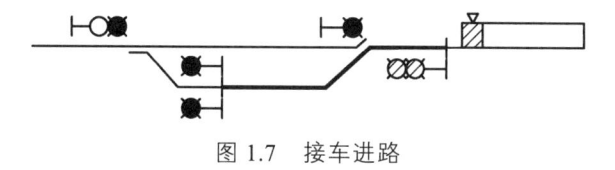

图1.7　接车进路

（2）发车进路

发车进路是指列车由车站出发时，由列车前端（而不是出站信号机）起至相对方向进站信号机或站界标止的一段线路，如图1.8所示。

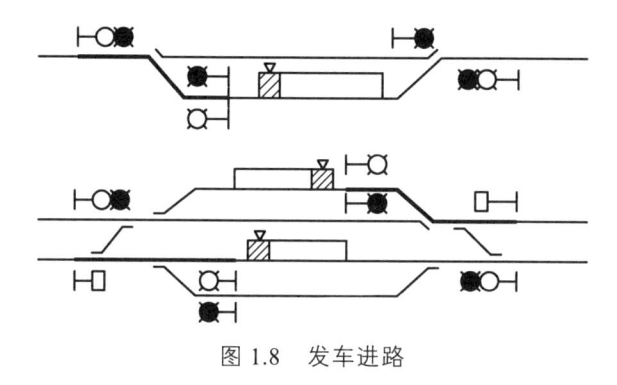

图1.8　发车进路

（3）通过进路

通过进路是指列车由车站通过时，列车通过车站两端进站信号机或站界标之间的一段线路，如图1.9所示。

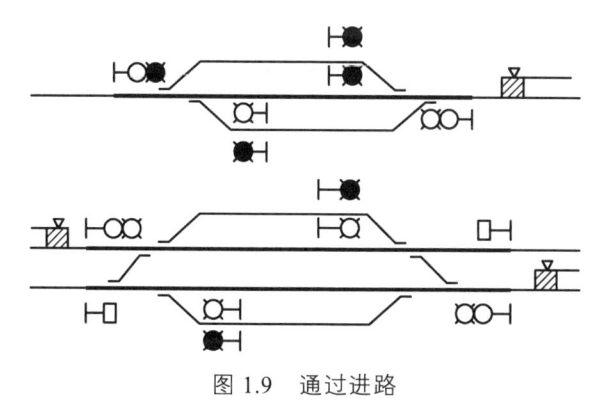

图1.9　通过进路

2. 调车进路

由机车或车辆运行方向的前端起至运行方向目的地（停车地点）或防护设备止的一段线路，称为调车进路。

1.3.2　列车进路建立的条件

一条正确的列车进路是列车安全进出车站的关键。《技规》规定了关于接发列车时，车站值班员应当亲自办理的六项工作规定，"布置进路（包括听取进路准备妥当的报告）"必须由车站值班员亲自办理。其他五项工作可以放权，唯独"布置进路"在任何时候都不能放权，可见进路在接发列车中是多么的重要。其目的就是为了保证列车进路的正确。那么，一条正确的列车进路应当具备哪些条件？

1. 进路空闲

由进路的起点到进路的终点必须空闲，无机车、车辆占用，无轻型车辆、各种小车及障碍物，且没有被封锁。

2. 进路贯通

进路贯通是指进路上所有道岔位置正确。列车在进路上运行时，线路是连通的，不会发生挤岔。

3. 方向正确

接车方向是指车站值班员按《站细》规定确定的接车线。发车方向是指本次列车按照运行图规定，由本站应该开往的方向。

4. 没有敌对进路建立

在建立本次列车进路时，绝对没有与其发生冲突的其他进路建立。正常情况下由设备的联锁关系作保证，当联锁失效时就需人工检查确认。

5. 进路上的有关道岔按规定锁闭

这是指进路上的有关道岔在正常情况下能利用设备自动锁闭。非正常情况不能利用设备自动锁闭时，需要人工加锁。

6. 满足列车的特殊要求

接旅客列车时，线路应能满足旅客乘降、行包装卸的要求；接超限货物列车时，线路应能满足超限货物对线路别、线间距、线路两侧建筑物、设备距离和接触网高度的特殊要求。此外，接发军运、专运列车时，也应满足其特殊要求。

1.3.3　基本进路

集中联锁设备的车站，在车站控制台上排列进路时，依次按下始端、终端按钮后所排出的一条经由道岔侧向位置最少、径路最短、较为合理的列车进路，称为基本进路，日常接发列车中使用的绝大多数都是基本进路。上述接车进路、发车进路和通过进路均为基本进路。除了基本进路，还有特殊情况下使用的变通进路。

1.3.4　变通进路

保安全、保畅通是铁路运输的一条基本原则。当基本进路不畅通时，可采用办理变通进路的方法。因此，掌握变通进路的排列方法，可以保障车站行车不中断，为救援、抢险、抢修赢得更多的时间。

在集中联锁设备的车站，我们把基本进路以外的进路称为变通进路（亦称迂回进路）。

1. 变通进路的使用情况

遇下列情况需要使用变通进路
（1）基本进路上的道岔发生故障。
（2）基本进路上的道岔被挤。
（3）基本进路上有机车车辆占用。
（4）基本进路上的轨道电路区段发生断轨。

2. 办理变通进路的方法

办理变通进路的方法是先按压进路始端按钮，再按压变通按钮，最后按压进路的终端按钮。办理变通进路的关键是选择变通按钮。

常用的变通进路有平行、八字形和 S 形三种变通进路。

（1）平行变通进路及其办理

当变通进路与基本进路平行时，称为平行变通进路。如图 1.10 所示，下行Ⅲ道接车，顺序按压 XLA 和 SⅢLA 两个按钮，即可开通基本进路如图中实线所示。图中虚线和点画线所示的另外两条与基本进路平行的进路，就是下行列车进Ⅲ道的变通进路。办理平行变通进路的方法如下。

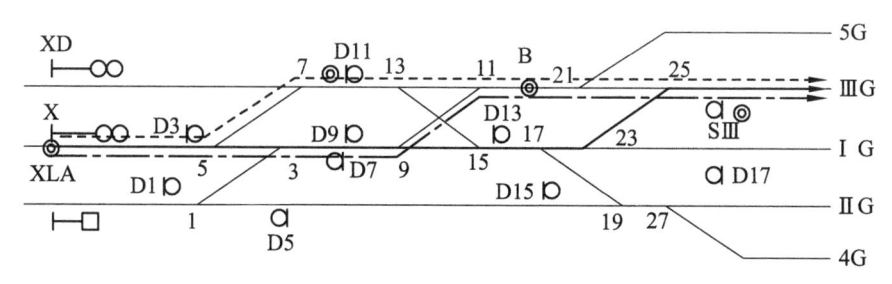

图 1.10 平行变通进路

① 先按压 XLA、再按压 D11A、最后按压 SⅢLA，形成图 1.10 中虚线所示的一条变通进路。

在这条变通进路上，5/7 号道岔反位，13/15、9/11、21、23/25 号道岔定位。从中可以看出，在原基本进路上从 5、3 号道岔间的轨道绝缘节到 25、23 号道岔间的轨道绝缘节之间，任何一组道岔或轨道区段发生故障不能行车都可以变通为这一条进路。

② 先按压 XLA，再按压设置在 11 号道岔与 21 号道岔之间的变通按钮（B），最后按压 SⅢLA，形成图 1.10 中点画线所示的一条变通进路。

在这条变通进路上，5/7、1/3 号道岔定位，9/11 号道岔反位、21、23/25 号道岔定位。从中可以看出，在原基本进路上从 17 号道岔到 25、23 号道岔间的轨道绝缘节之间，任何一组道岔或轨道区段发生故障不能行车都可以变通为这一条进路。

（2）八字形变通进路及其办理

当变通进路的形状像汉字"八"时，称为八字形变通进路。如图 1.11 所示，上行Ⅱ道发

车，顺序按压 SⅡLA 和 SLZA 两个按钮，排列出一条Ⅱ道上行方向发车进路的基本进路，如图 1.11 中实线所示。另一条虚线所示的进路，就是八字形变通进路。

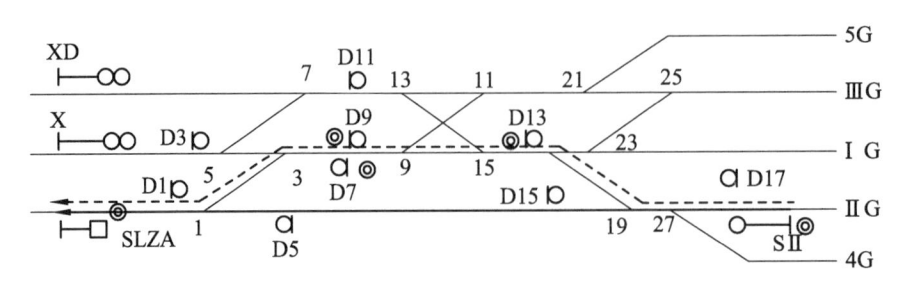

图 1.11　八字形变通进路示意图

如 1/19WG 无岔轨道区段故障或停留机车车辆，不能建立上行Ⅱ道发车基本进路时，可以办理八字形变通进路。先按压 SⅡLA，再按压变通进路上的 D7、D9、D13 其中一个调车按钮，最后按压 SLZA。形成图中虚线所示的一条八字形变通进路。

在这条变通进路上，27 号道岔定位，17/19 号道岔反位，13/15.9/11 号道岔定位，1/3 号道岔反位。

（3）S 形变通进路及其办理

当变通进路形似"S"时，称为 S 形变通进路。如图 1.12 所示，如办理下行Ⅲ道接车，顺序按压 XLA 和 SⅢLA 两个按钮，即可开通基本进路，如图中实线所示。图中虚线所示的Ⅲ道接车进路，就是 S 形变通进路。

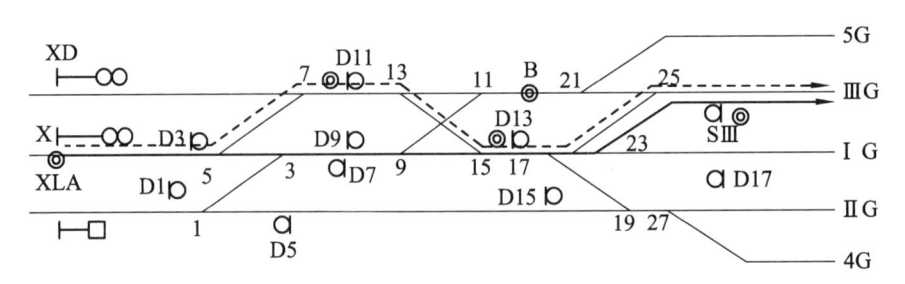

图 1.12　S 形变通进路示意图

办理 S 形变通进路的方法如下。

如 1/3 号道岔故障或停有机车车辆，不能办理基本进路时，就可以办理一条 S 形变通进路，如图 1.12 中虚线所示。先按压 XLA，再按压 D11（单置调车信号机按钮）和 D13（单置调车信号机按钮），最后按压 SⅢLA，下行Ⅲ道接车 S 形变通进路建立。在这条变通进路上，5/7、13/15 号道岔反位，17/19 号道岔定位，23/25 号道岔反位。

通过以上列车变通进路的办理，可以归纳为以下几点：

① 办理变通进路时，需要在按压始端按钮和终端按钮的中间增加按压变通按钮，即始端→变通→终端或始端→变通→变通→终端。

② 变通按钮除了专设的变通按钮外，变通进路上的调车信号按钮都可以作为变通按钮使用。有多个调车信号按钮都能作为变通按钮时，只需按压其中一个即可。

③ 无论采用哪一种变通进路，始点与终点都与基本进路相同。

④ 选择变通按钮的数目，取决于改变基本进路方向的次数及所处的位置。

3. 办理变通进路时的注意事项

办理变通进路是非正常情况下的一种特定方法，是不中断行车的一种权宜之策。变通进路和基本进路相比，在使用中存在着诸多不安全因素，如径路长、经过道岔多、不合理。特别是八字形变通进路和 S 形变通进路，增加了列车侧向通过道岔的次数，不仅降低运行速度，而且为脱轨埋下事故隐患（因为道岔上的导曲线半径小不设外轨超高）。为了保证行车安全，使用时一定要慎重，并注意以下事项：

（1）报告列车调度员，调整列车运行计划。

（2）必须利用列车无线列车调度通信设备（以下简称无线列调电话）、在车机联控时提前与司机联系，使司机做到心中有数，及早调整运行速度。

（3）限制运行速度，防止列车超过道岔侧向允许通过速度。

超速运行是发生脱轨、颠覆事故的重要因素，严格控制列车侧向通过道岔速度是预防事故的根本。机车乘务员必须严格遵守《技规》关于单开道岔、对称道岔、交分道岔侧向允许通过速度的规定，及时降低侧向通过道岔速度，保证列车平稳、安全地通过道岔。机外停车或站内一停再开，都是降低列车运行速度的有效手段。停了以后速度就是零，然后再重新起动进站或出站，这样就解决了列车超速运行的问题。

（4）把握开放信号的时机。

办理列车经变通进路由车站通过时，如果进站部分为变通进路，须等列车尾部完全进入到发线后方可开放出站信号，以防司机瞭望到出站信号开放后加速。如果出站部分为变通进路时，应使列车在站停妥后再开放出站信号。

1.3.5 敌对进路

两条进路有相互重叠或交叉的部分，不能以道岔位置来区分时，那么这两条进路互为敌对进路。建立敌对进路是发生列车冲突事故的根源。为了保证列车安全运行，防止冲突事故的发生，无论从设备的技术条件还是从制度的制定上，都必须杜绝敌对进路。

《技规》关于各种联锁设备（驼峰除外）应满足的条件中规定："当进路上的有关道岔开通位置不对或敌对信号机未关闭时，该信号机不能开放；信号机开放后，该进路上的有关道岔不能扳动，其敌对信号机不能开放。"现有的信号、联锁、闭塞设备在正常情况下，完全可以保证杜绝敌对进路的建立。但是当设备不正常时，上述技术条件就无法满足。因此，当设备故障、联锁关系失效或无联锁的情况下，如何防止敌对进路的建立是我们行车人员必须研究的重要课题。

敌对进路包括以下几种情况：

1. 同一到发线上相对方向的进路

（1）同一到发线上对向的列车进路与列车进路

如图 1.13 所示，上行 II 道接车进路与下行 II 道接车进路互为敌对进路。这种敌对进路的特点是：

① 在同一到发线 II 道上；

② 上行与下行对向；

③ 两条进路出现重叠。

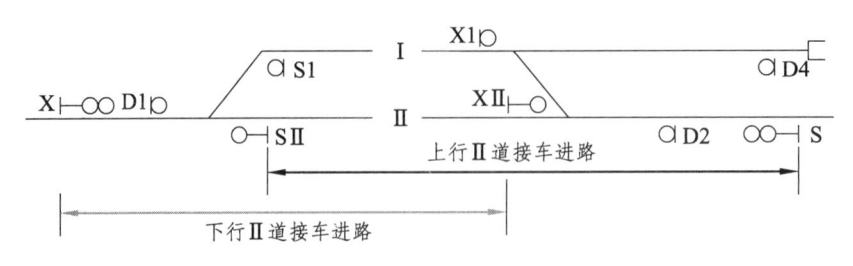

图 1.13　敌对进路（1）

（2）同一到发线上对向的列车进路与调车进路

如图 1.14 所示，下行 1 道接车进路与 D2 或 D4 向 1 道的调车进路互为敌对进路。这种敌对进路的特点和上一种相同，同一到发线、对向、重叠。

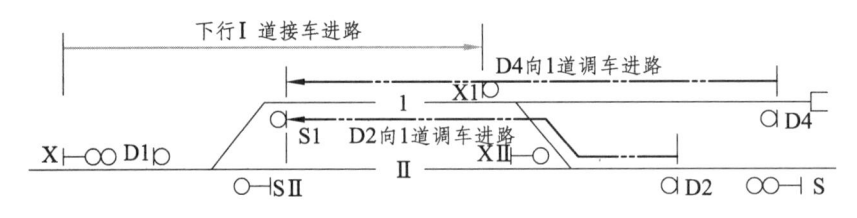

图 1.14　敌对进路（2）

2. 同一咽喉区内对向重叠的列车进路

（1）不同到发线接发列车进路对向重叠

如图 1.15 所示，不在同一到发线上，下行 Ⅱ 道接车进路与上行 1 道发车进路对向重叠。

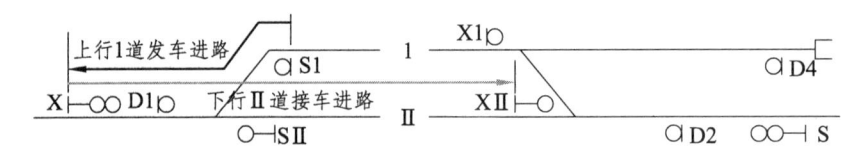

图 1.15　敌对进路（3）

（2）同一到发线接车进路与发车进路对向重叠

如图 1.16 所示，在同一到发线上，下行 Ⅱ 道接车进路与上行 Ⅱ 道发车进路对向重叠。

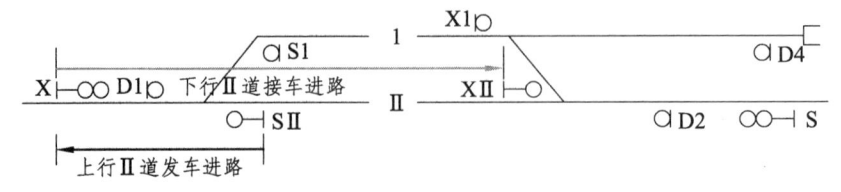

图 1.16　敌对进路（4）

（3）上述两种情形敌对进路的特点

① 地点在同一咽喉区；
② 下行接车与上行发车进路对向重叠；
③ 两条进路既可在同一到发线出现，又可在不同到发线出现。

3. 同一咽喉区内对向或顺向重叠的列车进路与调车进路

（1）顺向重叠的列车进路与调车进路

如图 1.17 所示，由 D1 向 Ⅱ 道调车进路与下行 Ⅱ 道接车进路为顺向重叠的敌对进路。

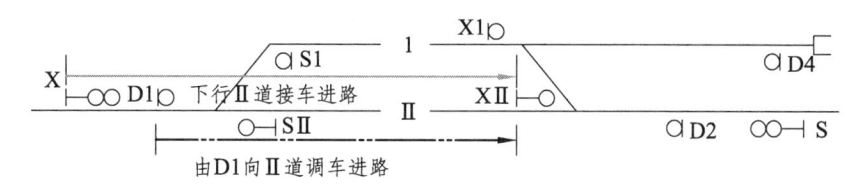

图 1.17　敌对进路（5）

（2）对向重叠的列车进路与调车进路

如图 1.18 所示，下行 Ⅱ 道接车进路与由 Ⅱ 道向 X 咽喉调车进路互为对向重叠的敌对进路。

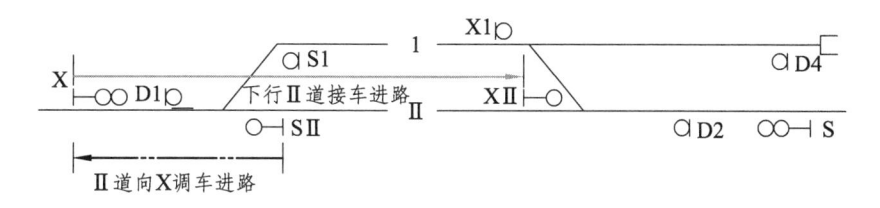

图 1.18　敌对进路（6）

4. 特殊情况的敌对进路

根据《技规》规定，当进站信号机外制动距离内进站方向为超过 6‰ 的下坡道，而接车线末端无隔开设备时，禁止办理相对方向同时接车和同方向同时发接列车。该下坡道方向的接车进路与对方咽喉区的接车进路、调车进路以及非同一到发线顺向的发车进路都是敌对进路。

（1）对向的两条列车进路互为敌对进路

如图 1.19 所示，上行 Ⅱ 道接车进路与下行进站向 1 道或 3 道的接车进路，同时办理时互为敌对进路。

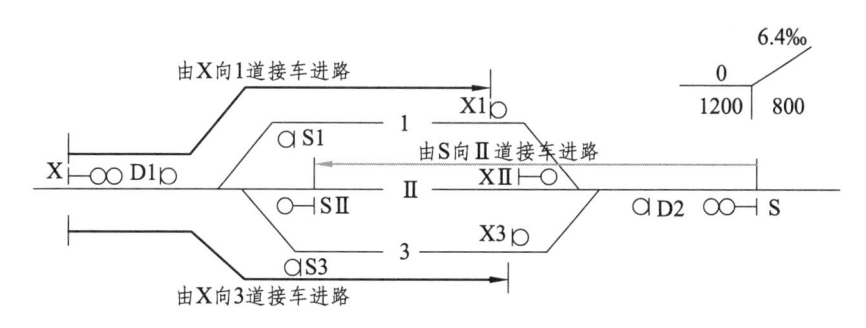

图 1.19　敌对进路（7）

（2）顺向的两条列车进路互为敌对进路

如图 1.20 所示，上行 Ⅱ 道接车进路与上行 1 道或 3 道的发车进路，同时办理时互为敌对进路。

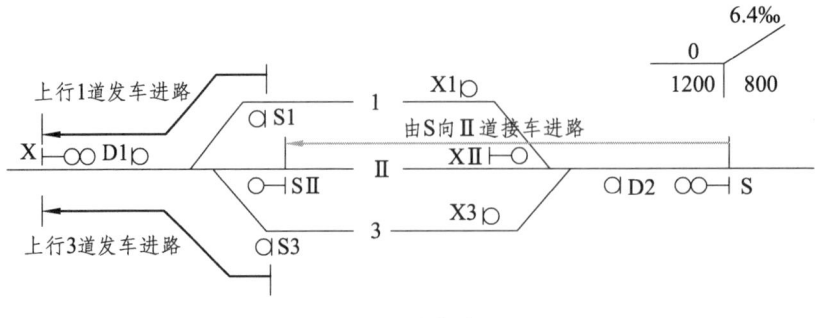

图 1.20　敌对进路（8）

（3）接车进路与其中任意一条调车进路互为敌对

如图 1.21 所示，上行进站信号机外制动距离内进站方向为超过 6‰ 的下坡道，而接车线末端无隔开设备。Ⅱ道上行接车进路与对方咽喉区的任意一条调车进路，同时办理时互为敌对进路。

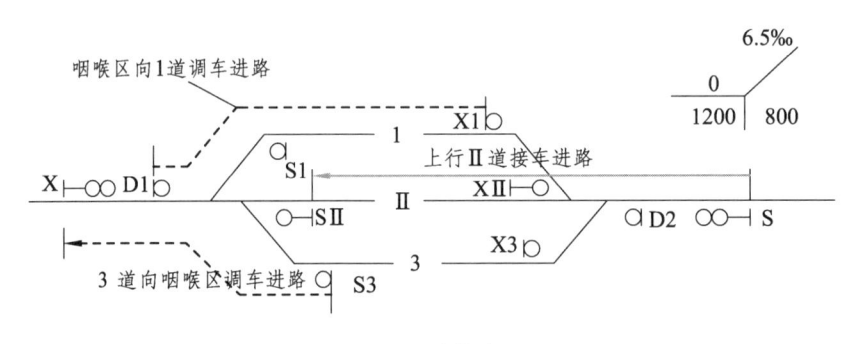

图 1.21　敌对进路（9）

5. 侵限绝缘区段的敌对进路

集中联锁的车站，因防护进路的信号机设在侵限绝缘处而禁止同时开通的进路，称为侵限绝缘区段的敌对进路。

（1）侵限绝缘的概念

在设有轨道电路的线路上，当一个绝缘节距警冲标的距离小于 3.5 m 时，这个绝缘节称为侵限绝缘。这是因为，当侵线绝缘附近轨道上停留机车车辆时，虽然轮对未压上轨道绝缘，但机车车辆头部可能已经超过了警冲标，进入邻线的机车车辆限界。

当机车车辆在线路上停留时，最外方轮对的中心线距车钩尚有一段距离。为了保证车站控制台上显示机车车辆停留在警冲标内方的信息与现场机车车辆实际停留的一致性，绝缘节应当设置在警冲标内方大于 3.5 m、小于 4 m 的地点。如果绝缘节距警冲标的距离小于 3.5 m，很有可能形成控制台显示机车车辆在标内、而现场机车车辆的车钩实际在标外的情况，这样会危及邻线的行车安全。这就是侵限绝缘的潜在危险。

个别车站由于受地形、道岔配置或线间距等条件限制，绝缘节距警冲标会出现小于 3.5 m 的现象。常见的侵限绝缘主要有两种，分别如图 1.22 和图 1.23 所示。

图 1.22 敌对进路（10）

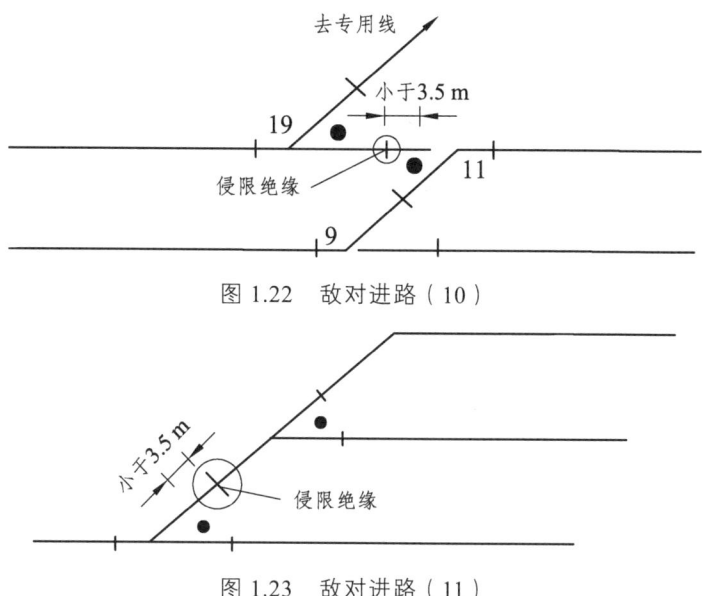

图 1.23 敌对进路（11）

（2）侵限绝缘区段的敌对进路

如图 1.22 所示，19 号道岔和 11 号道岔之间的绝缘节与 11DG 警冲标的距离小于 3.5 m，该绝缘节就是一个侵限绝缘。为防止侧向冲突事故的发生，当 19DG（19 号道岔直向）停有机车车辆时，经由 9/11 号道岔侧向的进路则不能建立，否则为敌对进路。在图 1.22 中，如果有机车车辆经由 9/11 号道岔直向进入 19DG，当 11DG 被除清后 9/11 号尽管可以转换到侧向，但联锁设备在正常情况下可以保证经由 9/11 号道岔侧向进路的任何信号机不会开放。

弄清了敌对进路的几种情形，有利于我们制定措施进行防范。在联锁设备不正常时，值班员应当立即报告站长（或值班干部，以下同）到岗。把杜绝敌对进路作为行车人员的卡死制度，列为干部盯岗的重点。防止车站两端同时人工引导接车，误将对向列车接入同一到发线；防止使用引导信号接车时不检查侵限绝缘区段，为侧面冲突埋下隐患；防止使用引导总锁闭接车时，不检查敌对进路开放引导信号等事故的发生。

任务 1.4 计算机联锁设备及使用

1.4.1 联锁的概念

联锁的两种典型的定义如下：

"为了保障行车安全，在道岔、进路和信号机之间是存在着某些相互制约关系的。我们把这种关系就叫作联锁"。

通过技术方法使信号、道岔和进路必须按照一定程序，一定条件才能动作或建立起来的相互联系关系，叫作联锁。"

从以上两种定义中我们可以得出三点结论。

（1）联锁是一种关系；
（2）联锁关系是一种相互制约、相互检查的关系；
（3）联锁控制的三个对象是道岔、进路、信号机。

那么什么是道岔、进路和信号机呢？

道岔是一种使机车车辆能从一条股道转入另一条股道的线路连接设备。道岔的类型通常有普通单开、双开、三开、复式交分道岔。

进路是指在站内，列车或调车车列由一个地点到另一个地点所运行的径路。进路又分为列车进路和调车进路两种。

信号机是发布列车运行和调车工作命令的信号装置。它通过不同颜色的灯光或臂板的位置来显示信号，表示各种不同命令的意义。

以一条接车进路的建立为例。

（1）进路必须空闲；
（2）进路必须贯通；
（3）开通方向正确；
（4）没有敌对进路建立。

当进站信号机检查完以上条件满足后才能开放。进站信号机一旦开放，进路上的有关道岔则不能扳动，其敌对信号机则不可能开放。这就是锁闭，是一种制约的关系。反过来，当一条接车进路建立之后，如果联锁关系发生变化或遭到破坏（例如，调车车组误入接车进路、道岔失去表示……），都会导致进站信号机立即关闭。这就是电务上常说的"故障安全"的原则。意思是说，当已经建立起来的联锁关系遭到破坏，防护进路的信号机立即显示停车信号，引导列车走向安全的一侧而不是危险的一侧。

除信号机在开放时对道岔位置进行检查、开放后对道岔进行锁闭外，道岔对进路同样也存在着制约的关系。例如，道岔的开通位置不对，有关信号机不可能开放。

归纳联锁的概念：

为了保证列车或车列在进路上安全运行，在进路、道岔、信号机三者之间建立一种相互检查、相互制约的关系，我们把这种关系称为联锁。

1.4.2 联锁的分类

根据《技规》规定，"联锁设备分为集中联锁（继电联锁和计算机联锁）和非集中联锁（臂板电锁器联锁和色灯电锁器联锁）"。

1. 集中联锁

集中联锁是指道岔的转换和信号机的开放，都集中在室内操纵，以电气器材完成联锁关系。

集中联锁分为继电器联锁和计算机联锁。

（1）继电器联锁——主要电气元件为继电器，用继电器电路实现联锁关系。按车站规模、性质、作业量大小分为大、中、小站电气集中；按电路分为6026、6031（6032）、6036、6501、6512、6502等。6502电路从1973年被正式批准为定型电路，不断完善、通过鉴定直到2000年以前，6502型大站电气集中一直是我国铁路信号现代化的重要设备。

（2）计算机联锁——在继电器联锁的基础上发展而来，用计算机完成继电器联锁中的选择组电路和执行组电路，是目前我国铁路车站集中联锁的主要设备。主要有通号公司的 DS6、铁科院的 TYJL 系列、交大微联 JD-1A、卡斯柯 VP1 等几种主要类型。

2. 非集中联锁

非集中联锁是利用电锁器和一些继电器组成的电路完成联锁关系，是指道岔转换和信号开闭分散就地操纵。非集中联锁模式下，道岔靠人力通过机械扳动，信号机由有关人员通过电气或机械操纵，以电锁器完成联锁关系。电锁器是一种带有接点的电磁锁闭器，安装在信号握柄（手柄）或道岔握柄上。

非集中联锁是在铁路发展早期采用的联锁，现在主要用于专用线专用铁路或一些作业不大的矿山铁路等支线。

非集中联锁分为以下两种：

（1）臂板电锁器联锁——电锁器和臂板信号机相配套。

（2）色灯电锁器联锁——电锁器和色灯信号机相配套。

1.4.3 计算机联锁的功能

计算机联锁系统是以计算机为主要技术手段实现车站联锁的系统。因此，它除了具备继电器联锁的功能外，还可以利用计算机的快速信息处理能力和储存能力实现继电器联锁设备难以实现的一些功能。

1. 联锁控制功能

计算机联锁和继电器联锁都是集中联锁，它们的联锁功能实际是相同的。为了保证行车安全，在规定的联锁条件和规定的时序下自动对进路、信号和道岔实行控制。

（1）进路的控制。包括列车进路和调车进路的选排、锁闭和解锁的控制等。进路的办理办法和继电器联锁设备的办理办法基本相同，仍用按压双按钮才能形成操作命令的原理，其目的都是为了防止误动某一个按钮会产生错误的操作命令。为了防止错误办理，一些系统对带铅封按钮的使用采取屏幕提示输入口令，点压口令后，操作才会被执行的保安措施。

（2）信号的正常开放、关闭、人工重复开放以及防止自动重复开放。

（3）道岔的单独操纵、单独锁闭和单独解锁。

2. 显示功能

计算机联锁系统采用大屏幕彩色显示器取代 6502 继电器联锁的操纵表示盘，可以向车站值班人员提供更加丰富、直观的显示信息。

（1）站场基本图形显示。

（2）现场信号设备状态显示。例如，信号机的开放与关闭，灯泡的断丝，轨道区段的空闲、占用及锁闭状态，道岔的定位、反位及四开位置等，都可以通过图形、线条、编号的颜色来显示不同的含义。

（3）值班人员按压按钮的确认显示。

（4）联锁系统的工作状态、故障报警显示。

（5）时钟显示、汉字提示。

3. 记录储存和故障检测与诊断功能

计算机联锁系统的信息处理能力和存储容量大为实现系统维护、行车管理自动化奠定了基础。

（1）系统可按时间顺序自动记录和储存值班人员按钮操作情况、现场设备动作情况和行车作业情况。

电务人员可根据功能菜单提示，按压相应的功能键，将前一段时间内的系统运行状况或作业情况按规定格式显示出来（这些信息也可由打印机打印出来），作为查找故障、分析事故的参考。

（2）提供图像再现功能。

系统可将前一段储存的数据以站场图形的方式显示在屏幕上，按照实际操作和列车、调车车列运行情况再现出来，以便更直观地查找故障及分析问题。

（3）实现进路储存和自动办理，进一步提高车站作业效率。

（4）具有集中监测和报警功能。

一是联锁系统的自我检测功能，当系统自身出现故障时，电务人员可通过屏幕提示的错误号判断、查找故障；二是对信号机、道岔转辙机、轨道电路等现场设备的工作状态进行集中监测，一旦发现故障，及时记录并报警。

4. 结合功能

结合功能是指计算机联锁系统利用标准化的通信接口板、网络接口板以及标准化的通信规程，可直接与现代化信息处理系统相联结进行数据交换。

1.4.4 计算机联锁的操作界面

以信号公司 DS6 型计算机联锁为例介绍如下。

1. 屏幕显示及站场图形图例

屏幕显示按站场图形布置，平时显示的灰色光带为基本的轨道图形。屏幕图形显示各种颜色的含义如下：

（1）轨道区段

灰色光带——基本图形；

白色光带——进路在锁闭状态；

红色光带——轨道区段有车占用，或区段故障；

绿色光带——区段出清后尚未解锁状态；

蓝色光带——进路初选状态；

青色光带——接通光带，或快动道岔在连续溜放时的光带显示。

（2）列车信号

红色——信号关闭；

绿色——信号开放，另外单黄、双黄、绿黄、黄闪黄、双绿代表信号开放；

红色、白色同时显示——引导信号开放；

红色闪光——提示灯丝断丝；

白色外框（方形）——信号处于封闭状态，按钮失效；

粉红色外框（圆形）——信号继电器前、后接点采集校核错。

（3）调车信号

蓝色——调车信号关闭；

红色——调车信号关闭，起阻挡作用；

白色——调车信号开放；

白色闪光——溜放进路及退路信号开放；

红色闪光——提示灯丝断丝；

白色外框（方形）——信号处于封闭状态，按钮失效；

粉红色外框（圆形）——信号继电器前、后接点采集校核错。

信号机旁平时不显示名称，只有在信号开放、机占（机车占用）、信号继电器校核错、人解延时、灯丝断丝或办理进路时显示。若要显示，可点压"信号名称"按钮。

信号名称显示的含义为：

绿色闪光——办理列车作业，始端或终端按钮按下，进路尚未排通；

黄色闪光——办理调车作业，始端或终端按钮按下，进路尚未排通；

粉红色闪光——办理总取消；

红色闪光——办理总人解，正在延时；

黄色——提示该信号在开放状态、断丝、相应股道有机占、信号前后接点采集校核错；

浅灰色——办理总人解时，等待输入口令；

深灰色——按下"信号名称"按钮显示全部信号名称；

红色外框（方形，在名称外）——该信号的接近轨道有机占，此时不允许再在该区段排列进路，机车退出，机占自动消失。

（4）道岔

道岔岔尖处用缺口表示道岔位置，无缺口的一侧表示道岔开通位置。当道岔无表示时（转岔或挤岔），道岔岔尖处白色闪光；挤岔时岔尖闪红色光，同时出现道岔名称。

点击"岔名"按钮后，屏幕上各道岔都出现与其对应的道岔名称及对应道岔所处位置状态，绿色短光带表示道岔处于定位，黄色短光带表示道岔处于反位，再点击"岔名"按钮一次，道岔名称及光带显示消失。道岔名不同颜色显示不同的含义：

白色——道岔封闭；

红色闪光——道岔挤岔；

灰色——按下道岔名称按钮，显示全部道岔名称。

道岔单独锁闭的含义是指可通过该道岔锁定位置排进路，但不能操纵。道岔封闭是指不能通过该道岔排进路，但道岔可以单独操纵。道岔封闭是专为电务人员维修道岔而设。

2. "按钮"设置和操作方法

按压鼠标左键实现在屏幕上弹出"按钮"的功能。屏幕上设置的按钮有通用按钮，除信号和道岔按钮外，其他按钮平时都隐含在屏幕内。在空白处点击鼠标左键，在屏幕的上方和下方会出现功能按钮，在屏幕空白处按压鼠标右键或点击"清按钮"，可消除这些按钮。

（1）信号按钮

设于股道上的列车信号机是列车信号按钮，调车信号机是调车信号按钮。当该信号机既有列车按钮，又有调车按钮时，用"左键"点击为调车按钮，用"右键"点击为列车按钮。

（2）道岔按钮

道岔按钮设于道岔岔尖处，双动道岔两端均为该道岔的道岔按钮，点压任意一个均可。

（3）功能按钮

功能按钮包括"总取消""总人解""道岔总定""道岔总反""道岔单锁""道岔单解""封闭""区段故障解锁""清封闭""机占"等按钮。点压功能按钮，屏幕下出现该功能的提示，再点压有关的道岔或信号按钮，办理相关功能的作业。点压一次功能按钮，只能有效一次。

（4）其他按钮

① 上电解锁按钮：开机或人工切换时，出现全场锁闭，点压"上电解锁"按钮，可对全场解锁。平时屏幕上无显示，办理时，按压鼠标右键，在屏幕上显示"上电解"按钮。点压此按钮前，必须确认全场车列已停止运行，否则将可能造成迎面解锁。点压上电解锁按钮必须按照屏幕提示点压口令，上电解锁按钮方能生效。使用该按钮后，应记录原因。

② 区段解锁按钮：用于轨道区段故障修复后的区段解锁。其操作方式及要求与上电解锁按钮相同。在屏幕上显示为"区段解"按钮。

③ 信号名称按钮（"信号名"）：全场设一个，点压后屏幕上出现所有信号机名称，再点压一次名称显示消失。

④ 道岔名称按钮（"道岔名"）：全场设一个，点压后屏幕上出现所有道岔名称及道岔所在位置，绿色短光带表示道岔处于定位，黄色短光带表示道岔处于反位，再点压一次名称显示消失。

⑤ 接通光带按钮：全场设一个，点压后屏幕上沿道岔开通位置用青色光带显示，再点压一次显示消失。

⑥ 清提示按钮：全场设一个，点压后可清除屏幕上提示窗口内不需要的汉字提示。

⑦ 清按钮：对于任何已点压但尚未执行的按钮，可通过点压该按钮取消操作，同时清除屏幕上的功能按钮。

⑧ 车次按钮：先点压股道号，再点压车次号码，最后点压车次按钮，可输入列车车次。先点压股道上的车次号，再次点压车次按钮，可取消车次号。

⑨ 坡道解锁按钮：当有大于 6‰ 的下坡道时，当值班员确认列车已完全到达，并停稳后，可按下"坡道解锁"按钮和口令，延续进路立即解锁。

⑩ 破封检查按钮：破封检查按钮用于检查每个铅封按钮的破封次数。

⑪ 与 64D（F）半自动闭塞有关的三个按钮：

a. 闭塞按钮：发车站请求发车或接车站同意接车时，须点压此按钮。

b. 复原按钮：接车站确认列车完整到达后，点压此按钮，可解除闭塞。在满足取消闭塞的情况下，经双方同意后，也可由发车站点压此按钮，使双方闭塞复原。

c. 事故按钮：闭塞故障时，发生事故站点压此按钮，可办理事故复原。

1.4.5 进路的办理

进路的办理方法如下：点压始端、终端按钮——开通基本进路；点压始端、变更（或多个变更）、终端按钮——开通变更进路。

1. 列车进路

先点压始端信号按钮,例如点压 X 信号,相应的 X 信号名称绿色闪光,并在屏幕下端提示:"始端一列 X"。再点压终端信号按钮,例如点压 S1 信号,相应的 S1 信号名称绿闪,屏幕下端提示变为:"始端一列 X—终端一列 S1"。若满足选路条件,则开始转换:道岔、锁闭进路、开放信号。若选路条件不满足,则在上面的提示后面加有:"——按钮不符"或"——选路不通"或"——有区段锁闭"或"——有区段占用"或"——有道岔要点"等,并给出相应的道岔或区段名称。正线通过进路需先点压进站信号机按钮,再点压出发咽喉的发车进路终端按钮。

2. 调车进路

调车进路同样通过点压始端、(变更)终端按钮来办理。反向单置信号可做调车变更,并置或差置信号只可做同向进路变更,变更按钮不受此限。调车进路的办理方法和显示与列车进路相似,只是将信号名称前的"列"改为"调"。

3. 原铅封按钮

为办理慎重起见,相对于原铅封按钮点压后,屏幕将提示输入口令,点压口令后操作才被执行,微机系统自动记录,并且在屏幕上方提示当前该按钮破封次数。以总人解 X 进路为例:先点压"总人解",此时屏幕上方出现红色闪光"总人解",再点压 X 按钮,此时屏幕下方提示"总人解 X 请输入口令—******",据此依次点压数字******,正确后屏幕下方提示"OK",此时操作被执行。

4. 变更误办的进路

误办的进路需要变更时,在进路未锁闭前可点压本咽喉的"总人解"或"总取消"按钮取消,然后还须点压"清按钮"按钮;锁闭后的进路需点压"总取消"或"总人解"按钮和"始端"按钮(注意分清列、调车)取消进路;当接近区段有车占用时,必须点压"总人解"按钮和进路始端按钮,延时 30 s 或 3 min 后解锁。

5. 进路的故障解锁

由于计算机联锁取消了继电联锁的区段事故解锁盘,而采用始、终端进路故障解锁,所以共有以下几种故障解锁情况:

① 尚未使用的进路中某区段故障,出现红光带,此时信号关闭,进路处于锁闭状态。如接近区段无车,点压"总人解"和"始端"按钮,进路自始端至故障区段解锁;若接近区段有车,进路延时 30 s 解锁。故障区段至终端之间的进路,需点压"总人解"和"终端"按钮,延时 30 s 解锁。

② 某进路列车已驶入,但由于进路中的某区段故障,在列车驶离后,仍保留红光带,致使此区段到终端的部分进路无法解锁。若故障区段为进路的第一区段,则需点压"总人解"和"始端"按钮,将进路的始端取消,再点压"总人解"和"终端"按钮,将进路解锁。

第②种情况是故障区段非第一区段,在列车正常驶过第一区段后,第一区段自动解锁,原进路的始端已不存在,待列车驶出该进路后,点压"总人解"和"终端"按钮,故障区段至终端的进路解锁。故障区段(红光带)前尚留有未解锁的进路,由于始端已不复存在,可

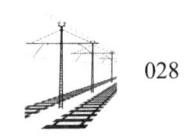

用解锁区段后第一个与列车进路同方向的调车信号机按钮作为故障解锁按钮,即同时点压"总人解"和该信号机按钮,故障区段(红光带)至该信号机的尚未解锁的进路将按列车运行方向顺序解锁。为保证自进路终端的故障解锁不会导致列车进路的迎面解锁,因此必须要求故障区段(红光带)至终端的各区段均被车列占用过又出清后,点压"总人解"和"终端"按钮才能生效。

③ 进路中某区段轨道电路分路不良,在列车通过后进路不能正常解锁。若进路始端尚存在时,点压"总人解"和"始端"按钮可将整条进路解锁;若第一区段已正常解锁,进路始端消失,或始端信号已作为别的进路的始端,或始端至未解锁区段间道岔已改变位置,则可用总人解和终端按钮将进路解锁。

④ 若故障区段两头均无信号,总人解时可利用迎向该区段的最近的信号机对之解锁,但信号与区段间的道岔位置必须在能把两者连在一起的位置。

6. 单独操纵和单独锁闭道岔

道岔区段在解锁状态时,允许办理单独操纵道岔。点压"总定位"(总反位)按钮和"道岔"按钮,屏幕提示处显示"道岔总定(总反)……CXXX"。在道岔转换过程中,屏幕道岔岔尖处闪白光,同时道岔号显示黄色道岔号。点压"单独锁闭"按钮和"道岔"按钮,屏幕提示处显示"单独锁闭……CXXX",同时显示红色道岔号。点压"单独解锁"和"道岔"按钮,道岔解锁。

7. 办理闭塞

闭塞办理方式与现有技术条件相同,所不同的是,闭塞及复原按钮须点压"确认"后才能执行。屏幕上相应闭塞状态由红、绿、黄三色箭头分别表示。事故复原按钮需点压口令后才能执行。

8. 进路引导接车

当某轨道区段故障影响正常接车时,可用进路引导接车。办理方法是:首先车务人员必须确认要开通的进路上无车,将道岔单操到需要的位置后点压该进路信号的"引导"按钮,如下行接车,点压"X引导"按钮,屏幕提示"进路引导…X,请按口令****",值班员依次点压口令,屏幕上显示"OK",进路锁闭,引导信号开放。和继电设备不同的是,当进站信号内方第一区段故障时,信号开放 15 s 就会关闭,为保证引导信号开放,需要每隔一段时间点压一次"X引导"按钮,直到列车进入进站信号机内方。

1.4.6 进路的解锁

1. 进路或轨道区段解锁

(1)取消进路

① 操作:总取消按钮+进路始端信按钮。

② 主要条件:进路处于预先锁闭状态,进路空闲,轨道电路无故障,道岔位置正确。

(2)人工解锁

① 操作:总人工解锁按钮+输入口令+进路始端按钮。

② 条件：进路处于接近锁闭状态，进路空闲，道岔表示正确。

（3）轨道区段故障（绿光带）解锁

① 操作：区段故障解锁按钮+输入口令+待解锁的区段按钮。

② 条件：被解锁的区段不在列车或车列运行的前方并且该区段轨道电路无（红光带）故障。

③ 说明：

a. 在连续解锁多个区段的情况下，除了解除第一个区段时需按上述操作外，解锁其他区段只需点击"区故解"和"区段名"按钮，而不需输入口令码或按压"破铅封"按钮，以便提高操作效率。

b. 在解锁多个区段期间，如果误点击了其他（非区段）按钮，则"区故解"操作信息失效，必须重新点击"区故解"按钮和输入口令，再进行区段解锁。

c. 在进路处于接近锁闭状态和列车未驶入进路的情况下，必须先使进路内方某一轨道区段按故障解锁方式延时解锁。该区段需经延时 3 min 或 30 s 才能解锁，以后各区段解锁不用延时。在延时期间办理其他区段解锁无效。

d. 为了保证安全，计算机联锁设备系统初次上电或临时停电又恢复供电后，全站所有轨道区段均处于锁闭状态，需按"区故解"方式使各区段解锁。特别提示：在列车驶入已建立的列车进路后因故中途停车时，对列车尚未驶入的已建立进路的剩余轨道电路区段，使用"区故解"方式将不能使这些轨道电路区段解锁。

2. 调车组合进路解锁

调车组合进路是由若干条单元进路（基本进路或变通进路）组合而成。组合进路的解锁需按单元进路分别办理。

3. 延续进路解锁

（1）延续进路需在接车进路已办理取消或人工解锁方式解锁后才能解锁。

① 操作：总取消+延续进路始端按钮。

② 条件：按解锁接车进路的操作方式解锁。

（2）延续进路又转换成发车进路的解锁操作：按发车进路的解锁条件和方式解锁。

（3）延续进路提前解锁。

① 操作：坡道解按钮+输入口令。

② 条件：列车全部进入股道并人工确认列车已在股道上停稳。

1.4.7 道岔的单操和单封、单锁与解锁

1. 道岔单操

（1）操作：总定位（总反位）按钮+道岔按钮。

（2）显示：点击总定（反）位按钮后，该按钮闪绿（黄）色。道岔转换到指定位置后，总定（反）位按钮恢复暗灰色，道岔按钮的表示呈绿（黄）色。

2. 道岔单封

（1）操作：单封按钮+道岔按钮。

（2）显示：点击单封按钮后，该按钮闪蓝色。点击道岔按钮后线路中相应道岔处出现蓝色圆点，道岔按钮名称呈蓝色，单封按钮恢复原色。

3. 道岔解除封锁

（1）操作：解封按钮+道岔按钮。

（2）显示：点击解封按钮后，该按钮呈绿闪。点击道岔按钮后，线路中相应道岔处的蓝色圆点消失，道岔按钮名称及解封按钮恢复原色。

4. 道岔单锁

（1）操作：单锁按钮+道岔按钮。

（2）显示：点击单锁按钮后，该按钮呈绿闪。点击道岔按钮后，线路上相应道岔处出现红色圆点，道岔名称呈红色，单锁按钮恢复原色。

5. 道岔单解

（1）操作：单解按钮+道岔按钮。

（2）显示：点击单解按钮后，该按钮呈绿闪。点击道岔按钮后，道岔处的红色圆点消失，道岔按钮名称和单解按钮恢复原色。

任务 1.5　行车闭塞法及闭塞设备

1.5.1　区间及闭塞分区的划分

区间与站内的划分是行车组织工作的一项重要内容，是划定责任范围的依据。列车进入不同地段必须取得相应的凭证或准许。

1. 站间区间——车站与车站间

在单线上，以进站信号机柱的中心线为车站与区间的分界线。单线铁路站间区间如图 1.24 所示。在双线或多线区间的各线上，分别以各该线的进站信号机柱或站界标的中心线为车站与区间的分界线。双线铁路站间区间如图 1.25 所示。

图 1.24　单线铁路站间区间

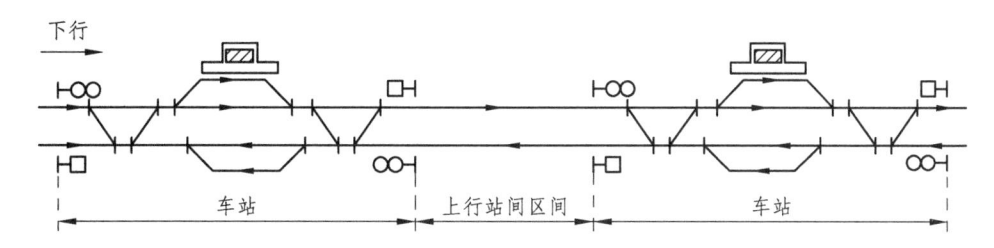

图 1.25　双线铁路站间区间

2. 所间区间——两线路所间或线路所与车站间

以该线上的通过信号机柱的中心线为所间区间的分界线。设有进站信号机的线路所，所间区间的分界方法与站间区间相同。双线铁路所间区间如图 1.26 所示。

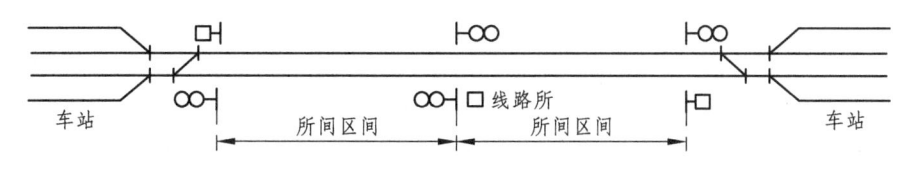

图 1.26　双线铁路所间区间

3. 闭塞分区——自动闭塞区间同方向相邻的两架色灯信号机间

以该线上的通过信号机柱的中心线为闭塞分区的分界线。双线铁路自动闭塞分区如图 1.27 所示。

图 1.27　双线铁路自动闭塞分区

1.5.2　行车闭塞法的分类

为保证列车在区间运行的安全，需采用一定的行车办法，这就是行车闭塞法，所使用的设备称为闭塞设备。最初的行车闭塞法分为时间间隔法和空间间隔法。

时间间隔法是指前后列车之间按照一定的时间间隔时续行，这是铁路发展初期采用的行车方法，现在已经不再使用。

空间间隔法是指利用一定的设备和手段，使得前后列车隔开一定的空间距离，同一段线路同时只允许一列车运行，以此保证前后列车运行的安全。空间间隔法是现在普遍采用的闭塞方法。

我国铁路的行车闭塞法分为基本闭塞法和代用闭塞法。

1. 基本闭塞法

铁路各车站均须装设基本闭塞设备。基本闭塞法包括自动闭塞、自动站间闭塞和半自动闭塞。

双线区段正方向应采用自动闭塞。在较繁忙的双线区段，为减少人工操作，便于列车运行调整，确保反向列车运行安全，反方向上应装设自动站间闭塞设备。运量小且增长速度较慢或受其他条件限制的双线段，可采用自动站间闭塞或双线半自动闭塞。单线区段宜采用半自动闭塞，运输繁忙时经过经济技术比较，也可采用单线自动闭塞。一个区段内原则上应采用同一类型的闭塞方式。

2. 代用闭塞法——电话闭塞法

当基本闭塞设备发生故障或因其他原因不能使用基本闭塞法时（如单线半自动闭塞出站信号机故障等），为维持列车运行，应采用代用闭塞法（电话闭塞法）。

原则上不使用隔时续行办法。如必须使用时，由铁路局规定。所谓必须使用时，是指在有特殊情况需要连续放行大量同方向列车时使用，如军事运输、紧急的救灾运输、双线区间一切电话中断时的行车等。采用这种行车方法时，应根据具体情况规定保证安全的措施。

1.5.3 区间的状态

区间空闲、占用、封锁等统称区间状态。

1. 区间空闲

区间未被列车、机车车辆占用，且相邻两站未办妥闭塞手续及出站调车手续时，称为区间空闲。

区间空闲的判断标准是物理空闲且逻辑空闲。

2. 区间占用

区间被列车、机车车辆占用，或相邻两站已办妥闭塞手续，或出站调车手续时，称为区间占用。

区间占用的判断标准是逻辑占用或物理占用。

3. 区间封锁

由于施工或区间发生事故等原因，根据调度命令，除指定列车外，禁止其他列车进入该区间，称为区间封锁。

1.5.4 发车权（区间占用权）

1. 单线区间

在单线区间，区间两端车站共同使用同一区间正线，必须在确认区间空闲的条件下，才能向区间发出列车。为确保发出列车安全，保证一个区间只有一个列车占用，发车站必须在确认区间空闲的条件下，取得邻站同意接车的通知，并办理规定的闭塞手续，得到发车权后，方可向区间发出列车。

2. 双线区间

（1）正方向运行

双线区间的行车，采用上下行列车分别固定在上下行线路上运行的办法。我国铁路采用左侧行车制。根据左侧行车的规定，出发列车在区间运行方向左侧线路上行驶，称为双线正方向运行；反之，在运行方向右侧线路上行驶，称为双线反方向运行。由于双线区段的列车分别固定在不同的线路上运行，因此《技规》的原则是：双线正方向运行的发车权归发车站所有。发车站只要在确认区间空闲（自动闭塞区段为规定的闭塞分区空闲），收到前次列车到达通知后（自动闭塞除外），不必征得接车站同意，即可发出双线正方向运行的列车。为使接车站做好接车准备，确保列车运行的安全和高速，要向接车站发出"预告"及开车时分。

（2）反方向运行

双线反方向运行时，由于发车权为邻站所有，所以必须确认区间空闲，经列车调度员的命令准许改变该线路的原定运行方向。发车站必须与邻站办理规定的手续后，方可发出反方向运行的列车。

任务 1.6 行车凭证

行车凭证是指车站发给列车占用区间（闭塞分区）的许可。行车凭证对列车运行安全而言至关重要。广大铁路职工在长期的生产实践中，摸索总结出确保接发列车安全的宝贵经验，这就是"严三控"（自控、互控、他控）、"把三关"（闭塞关、进路关、信号凭证关）和"达四标"（上标准岗、干标准活、用标准语、交标准班）。在"把三关"中，把好"信号凭证关"，就是要求车站行车人员在正常情况下接发列车时，严格按照《车站行车工作细则》规定时机正确及时地开闭信号；在非正常情况下接发列车时，正确及时地填写、交递行车凭证，确保各种情况下接发列车的行车安全。

1.6.1 行车凭证的分类和作用

1. 行车凭证的分类

接发列车时，铁路行车凭证可分为两大类：一类是正常情况下采用的基本行车凭证；另一类是非正常情况下所采用的书面行车凭证。

（1）基本凭证

基本凭证是指按基本闭塞法行车时使用的凭证。自动闭塞基本凭证为开放的出站信号机及通过信号机显示的进行信号；半自动闭塞基本凭证为出站或线路所通过信号机显示的进行信号。

（2）书面凭证

书面凭证是指在不能使用基本凭证的情况下所使用的行车凭证，如路票、绿色许可证、红色许可证、调度命令、车站值班员的命令等。具体有以下几种：

① 路票（《技规》附件1）——使用电话闭塞法行车时列车进入区间的行车凭证。

② 绿色许可证（《技规》附件2）——用于自动闭塞区段，当出站或进路信号机不能按正常要求开放或在未设出站信号机的线路上发出列车时，列车进入出站方面第一闭塞分区的行车凭证。

③ 红色许可证（《技规》附件3）——用于一切电话中断时（自动闭塞设备作用良好除外），列车进入区间的行车凭证。

④ 调度命令（《技规》附件4）——用于向封锁区间开行救援列车或路用列车时，列车进入封锁区间的行车凭证。

⑤ 出站跟踪调车通知书（《技规》附件5）——用于出站、跟踪调车时，调车车列越出站界进入区间的行车凭证。该行车凭证虽然不是列车占用区间，但和列车占用区间的性质是一样的。因此，要求车站值班员在使用时应与填发列车的行车凭证一样对待。

2. 行车凭证的作用

全面了解行车凭证的作用是正确使用行车凭证的前提。行车凭证的作用主要有：

（1）占用区间或闭塞分区的许可，这是行车凭证最主要的作用。

（2）指示列车运行条件。有的凭证指示列车运行方向，如出站信号机及进路表示器的显示，路票上的反方向运行图章（两线或多线区间的线别章）；有的指明运行速度、到达地点、时间，如向封锁区间开行路用列车的调度命令；有的预告前方闭塞分区空闲与否，如自动闭塞区段的出站信号机和通过信号机的显示等。

（3）提醒注意事项。如绿色许可证上的未设出站信号机的线路上发出列车，提醒司机发车线路是非到发线，应引起注意，适当掌握速度；红色许可证上有提示前发列车是否到达前方站，提醒司机注意区间可能还未空闲，从而加强瞭望，掌握速度；调度命令指明路用列车到达前方站还是返回本站，提示司机注意在站界标处的引导手信号或反向进站信号机的显示。

1.6.2 路　票

1. 路票的使用

《技规》规定，"使用电话闭塞法行车，列车进入区间的行车凭证为路票"。因此，无论是自动闭塞、自动站间闭塞还是半自动闭塞，无论是单线区段还是双线区段，只要基本闭塞法停止使用而改用电话闭塞法行车，列车进入区间的行车凭证则一律为路票。

2. 路票的填写

（1）填写要求

使用路票前应首先确认列车的车次、开往的区间正确，电话记录号码不能漏填，站名印不能漏盖。填写时，列车车次和电话记录号码必须字迹工整、不得涂改，站名印应清晰可辨。

路票填写的正确与否直接关系列车运行的安全和正点。为了防止出现错误，《技规》规定，路票原则上应由车站值班员亲自填写。但考虑到有些车站由于设备和业务量的关系，可由《站

细》规定的助理值班员填写。与车站值班员同一行车室的信号员不要越权代填路票。

（2）填写依据

车站值班员应根据《行车日志》的记录认真填写路票。车次来源于《行车日志》、阶段计划。电话记录号码来源于《行车日志》的记载，即单线或双线反方向发车（正方向首列发车）取得接车站承认的电话记录号码；双线正方向发车根据收到的前次发出的列车到达的电话记录号码。

3. 路票的填发与接递

（1）填发时机

车站值班员应严格遵守《技规》规定，无论是"单线或双线反方向发车"还是"双线正方向发车"，必须在发车进路准备妥当后，方可填发路票。必须坚持先准备好发车进路、后填发路票的作业程序，不要为了节省时间而颠倒顺序，埋下事故隐患。

（2）路票的复核

复核是指复诵和核对。车站值班员与助理值班员、助理值班员与机车乘务员在路票填妥后与交付时都应认真执行"复诵""核对"制度，其目的是保证凭证的正确性，避免错填、漏填、错交行车凭证。对于填写的路票，如果是车站值班员亲自填写的，填完后首先要自核，对照《行车日志》上记载的列车车次、电话记录号码、占用的区间，用笔点读进行核对。交予助理值班员后由助理值班员念读，助理值班员与《行车日志》上的记载进行核对，确认无误后，加盖站名印（见表1.2）。双线反方向行车时，应在路票上加盖"反方向行车"印章（见表1.3）；双线、多线区间使用路票时，应在路票上加盖"××线行车"印章；发出需由区间返回的列车使用的路票，应在路票上加盖"区间返回"印章（见表1.4）。

表 1.2

路　　票

电话记录第　9　号

车　次　　T41

新丰镇 → 临潼

| 新丰镇站 | （站名印）　编号　953486 |

注：1. 路票为预先印好区间（即站名）和编号的硬卡片；　（规格 75mm×88mm）
　　2. 加盖 副 字戳记者，为路票副页。

表 1.3

```
            路        票

         电话记录第  25  号

            车  次  19044   反方向行车

         华 山 → 潼 关


              （站名印）  编号  674328
         华 山 站
```

注：1. 路票为预先印好区间（即站名）和编号的硬卡片；（规格 75mm×88mm）
　　2. 加盖 ㊣ 字戳记者，为路票副页。

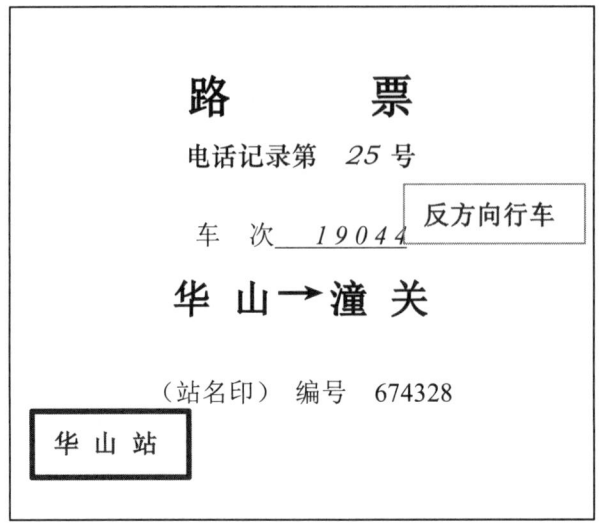

表 1.4

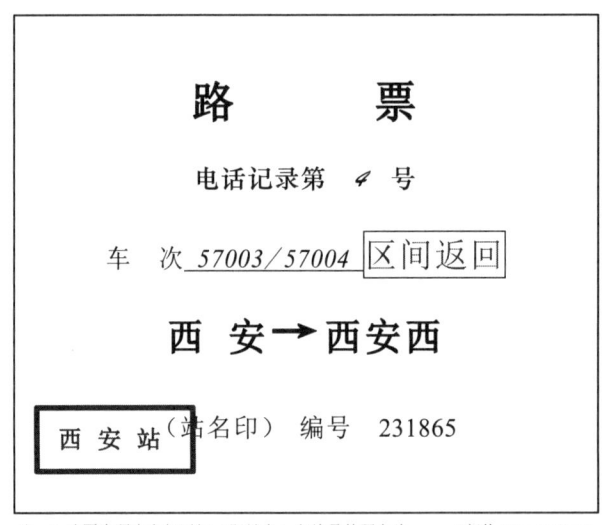

```
            路        票

         电话记录第  4  号

            车  次  57003/57004  区间返回

         西 安 → 西安西


         西 安 站（站名印）  编号  231865
```

注：1. 路票为预先印好区间（即站名）和编号的硬卡片；（规格 75mm×88mm）
　　2. 加盖 ㊣ 字戳记者，为路票副页。

（3）路票的接递

没有调度命令无线传送系统的车站，必须人工接递路票。为了保证人身及行车安全，便于路票的回收与递交，收递时要使用行车凭证携带器，原则上应停车递交，必须不停车收递时，应采用二人收递的方式，一人回收，一人递交，在列车运行速度不超过 20 km/h 的情况下，接车人员应面向来车方向，先接后递，两人站立前后位置不应少于 50 m。收递路票时身体不要侵入限界，收递完毕后迅速回到安全位置。

4. 路票的收回与作废

列车到达接车站后，车站助理值班员应将收回的路票交予车站值班员进行核对，无误后

在票面上画"×"保管。

对填错的路票和因计划变更暂时不开的列车,要及时收回路票,并在票面上画"×"作废,以防肇事,见表1.5。

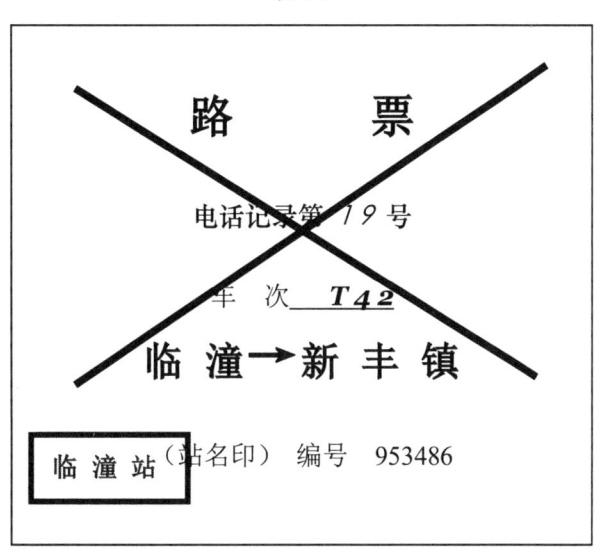

表 1.5

```
路    票
电话记录第 79 号
车  次  T42
临 潼 → 新 丰 镇

[临 潼 站](站名印)  编号 953486
```

注:1.路票为预先印好区间(即站名)和编号的硬卡片; (规格 75mm×88mm)
2.加盖 ㊙ 字戳记者,为路票副页。

1.6.3 绿色许可证

绿色许可证是自动闭塞区间列车由车站(车场)出发进入出站(出场)方面第一闭塞分区的书面行车凭证。它仅仅指示列车可以由车站(车场)出发运行到次一架通过信号机前。也就是说,它的历史使命是只管出站(出场)方面第一闭塞分区,当列车运行到防护第二闭塞分区的通过信号机前,应按其显示要求执行。

1.《技规》关于自动闭塞区段使用绿色许可证的规定

表 1.6 三显示条件下使用绿色许可证的情况

列车出发情况	行车凭证	发给行车凭证的依据	附带条件
1. 出站信号机故障时发出列车	绿色许可证(附件2)	1. 监督器表示两个或第一个闭塞分区空闲(办理特快旅客列车通过必须两个闭塞分区空闲),不表示时为接到列车到达邻站的通知或前次列车发出后不少于 10 min 的时间 2. 确认道岔位置正确及进路空闲 3. 单线须取得对方站确认区间内无迎面列车的电话记录	从监督器上不能确认第一个闭塞分区空闲时,发车人员须书面通知司机,以在瞭望距离内能随时停车的速度,最高不超过 20 km/h,运行到第一架通过信号机,按其显示的要求执行
2. 由未设出站信号机的线路上发车			
3. 超长列车头部越过出站信号机发车			
4. 发车进路信号机发生故障时发出列车			
5. 超长列车头部越过发车进路信号机发车		确认道岔位置正确及进路空闲	列车到达次一信号机按其显示的要求执行

2. 绿色许可证填写样张

绿色许可证的填写样张如下。

（1）出站信号机故障发车时，绿色许可证填写样张见表1.7。

表 1.7

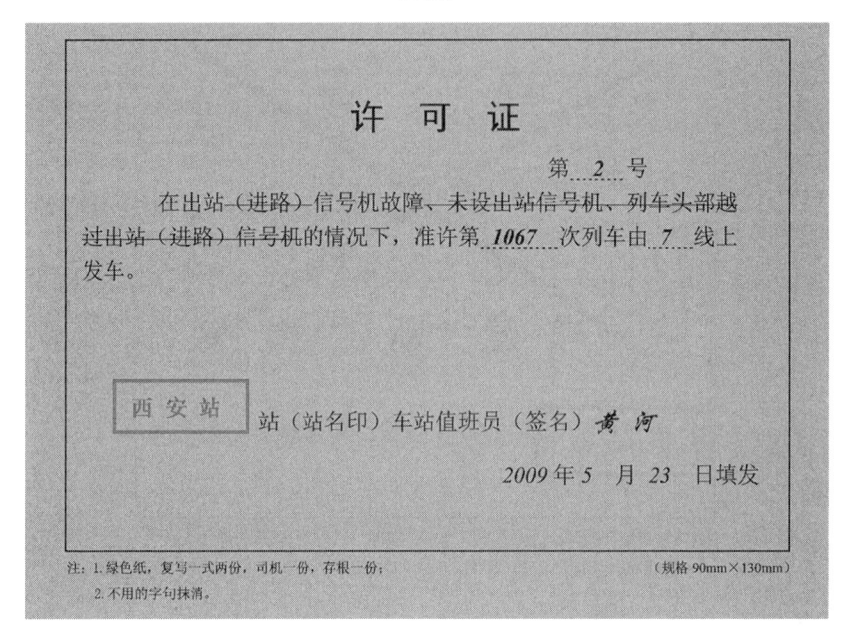

```
                    许 可 证

                              第  2  号
    在出站-(进路)-信号机故障、未设出站信号机、列车头部越
过出站-(进路)-信号机的情况下，准许第 1067 次列车由 7 线上
发车。


   西安站   站（站名印）车站值班员（签名） 黄河

                        2009 年 5 月 23 日填发

注：1. 绿色纸，复写一式两份，司机一份，存根一份；      （规格 90mm×130mm）
    2. 不用的字句抹消。
```

（2）由未设出站信号机的线路上发车时，绿色许可证填写样张见表1.8，同时向司机递交非到发线发车的调度命令，填写样张见表1.9。

表 1.8

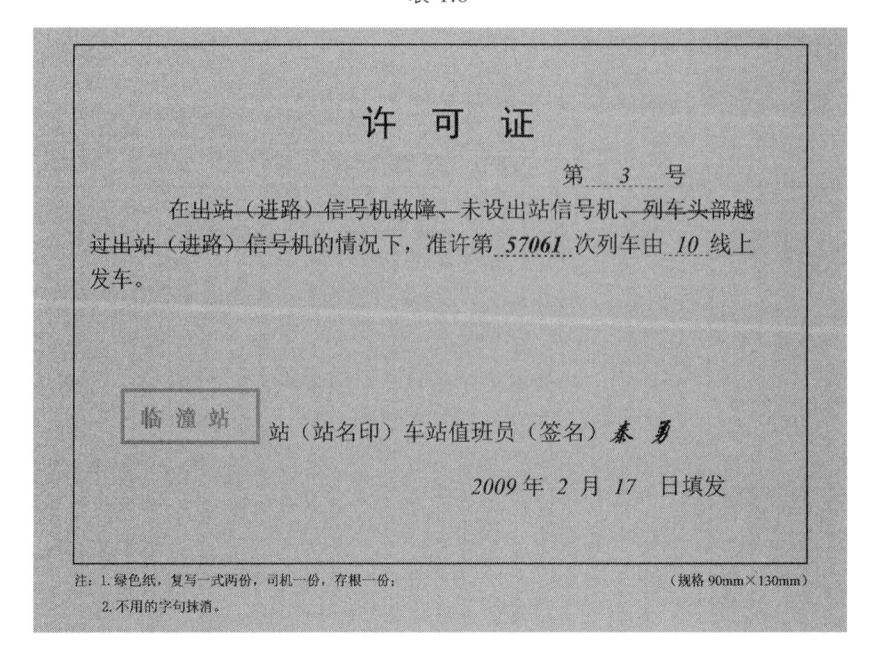

```
                    许 可 证

                              第  3  号
    在出站-(进路)-信号机故障、未设出站信号机、列车头部越
过出站-(进路)-信号机的情况下，准许第 57061 次列车由 10 线上
发车。


   临潼站   站（站名印）车站值班员（签名） 秦易

                        2009 年 2 月 17 日填发

注：1. 绿色纸，复写一式两份，司机一份，存根一份；      （规格 90mm×130mm）
    2. 不用的字句抹消。
```

表1.9 调度命令

<u>2009</u>年<u>2</u>月<u>17</u>日<u>14</u>时<u>55</u>分第<u>71150</u>号

受令处所	临潼站抄57061次司机	调度员姓名	冠忠
内容	准许<u>57061</u>次列车在<u>临潼</u>站非到发线<u>10</u>道发车。		

（规格110mm×160mm）受令车站车站 临潼站 值班员 *秦勇*

（3）超长列车头部越过出站信号机发车时，绿色许可证填写样张见表1.10。

表1.10

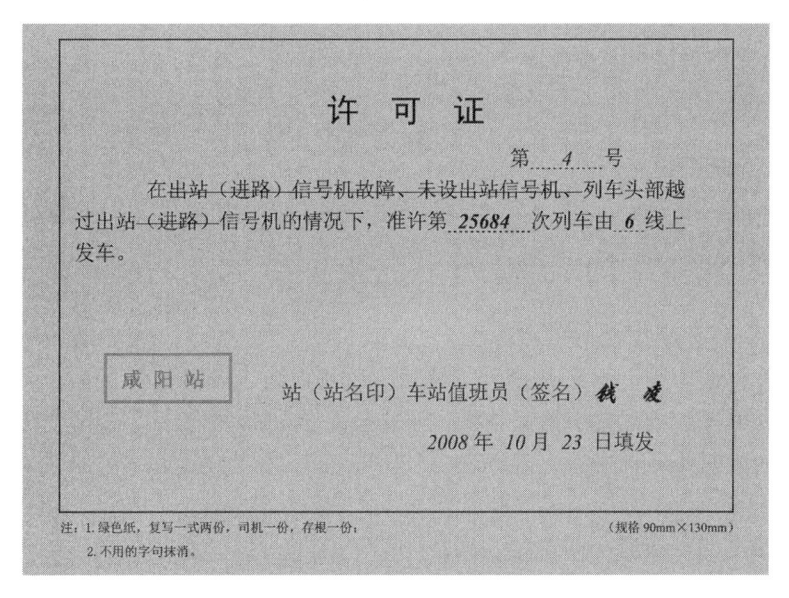

许 可 证

第 <u>4</u> 号

在出站（进路）信号机故障、未设出站信号机、列车头部越过出站（进路）信号机的情况下，准许第 <u>25684</u> 次列车由 <u>6</u> 线上发车。

咸阳站   站（站名印）车站值班员（签名） *钱凌*

2008年 10月 23 日填发

注：1. 绿色纸，复写一式两份，司机一份，存根一份；
2. 不用的字句抹消。
（规格90mm×130mm）

（4）发车进路信号机故障发出列车时，绿色许可证填写样张见表1.11。

表1.11

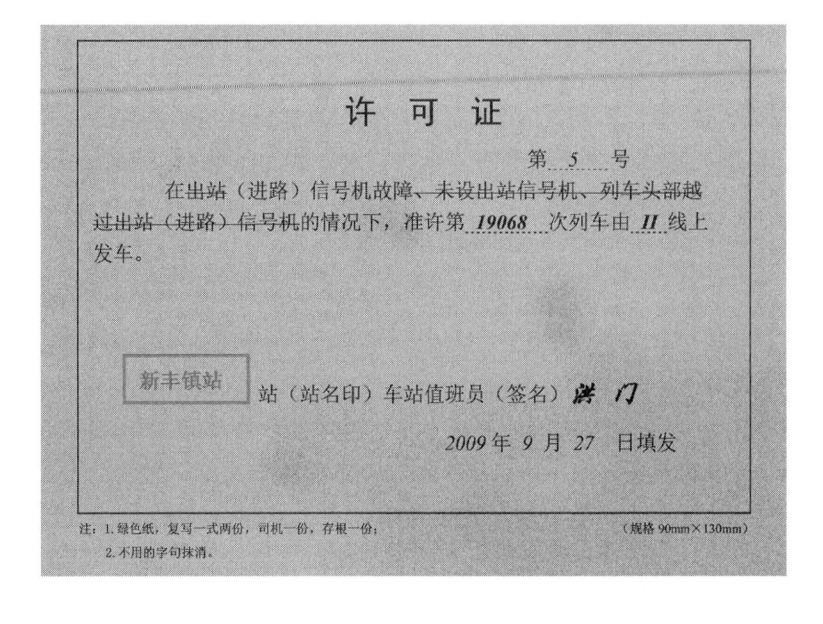

许 可 证

第 <u>5</u> 号

在出站（进路）信号机故障、未设出站信号机、列车头部越过出站（进路）信号机的情况下，准许第 <u>19068</u> 次列车由 <u>11</u> 线上发车。

新丰镇站   站（站名印）车站值班员（签名） *洪门*

2009年 9月 27 日填发

注：1. 绿色纸，复写一式两份，司机一份，存根一份；
2. 不用的字句抹消。
（规格90mm×130mm）

（5）超长列车头部越过发车进路信号机发车时，绿色许可证填写样张见表1.12。

表 1.12

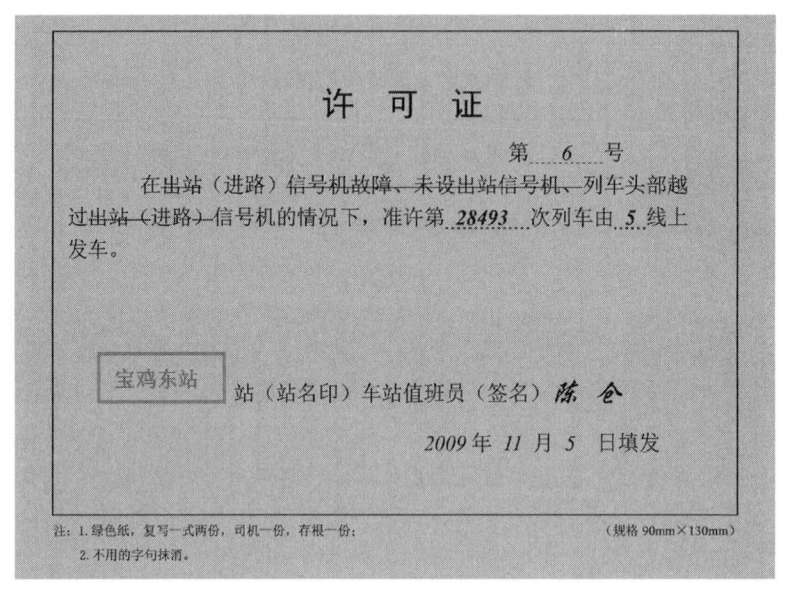

```
                    许 可 证
                              第  6  号
    在出站（进路）信号机故障、未设出站信号机、列车头部越
过出站（进路）信号机的情况下，准许第 28493 次列车由 5 线上
发车。


    宝鸡东站  站（站名印）车站值班员（签名） 陈 仓
                          2009 年 11 月 5 日填发

注：1.绿色纸，复写一式两份，司机一份，存根一份；      （规格 90mm×130mm）
    2.不用的字句抹消。
```

3. 填写绿色许可证的注意事项

（1）绿色许可证原则上由车站值班员填写，由于设备或业务量的关系，可由《站细》指定的助理值班员填写。填写完毕后必须经过车站值班员和助理值班员二人共同核对。

（2）填写的绿色许可证必须字迹清楚、内容齐全、印章清晰、不得涂改，填写错误应画"×"作废。

（3）填写绿色许可证应一式两份，司机一份、存根一份。遇有补机时，应增加一份交予补机司机。

（4）不用的字句一定要抹消，留下的字句要文理通顺、表达准确，不能使人产生误解。

（5）要保证凭证中保留对象的唯一性。例如，信号机是"出站"还是"进路"，二者只能保留一个删去另一个；另外，信号机是故障、未设出站信号机还是列车头部越过出站信号机，三者只取其一。

（6）不要漏填、错填。许可证中的"第____号"是本班使用的顺序号，由车站值班员自己编写填记，和值班员签名一样不可遗漏。车次、到发线、日期不可错填、漏填。

1.6.4 慢行通知书（附件 8 书面通知）

《技规》规定，控制台监督器不能确认第一个闭塞分区空闲时，须向司机递交慢行书面通知，实际是要求司机在第一个闭塞分区内限速 20 km/h 的安全措施。虽然没有以调度命令等级发布，但亦应比照调度命令去执行。既然从控制台监督器不能确认第一个闭塞分区空闲，那么第一个闭塞分区很有可能有车占用（前行列车迫停或遗留有车辆）。因此，司机虽然持有车站签发的绿色许可证可以进入第一个闭塞分区，但亦有发生冲突、脱轨的可能。为了防患于未然，必须控制列车的速度，限制列车"以在瞭望距离内能随时停车的速度，最高不超过 20 km/h"运行完第一个闭塞分区的全程，到达次一架信号机前按其显示要求执行。

关于慢行书面通知书的格式，见表 1.13《技规》附件 8。

表 1.13 《技规》附件 8 书面通知

书 面 通 知

第____次司机：

　　监督器上不能确认第一个闭塞分区空闲，以在瞭望距离内能随时停车的速度，最高不超过 20km/h，运行至第一架通过信号机，按其显示的要求执行。

　　　　　　　　　　　　　　　　　　　　站（站名印）车站值班员（签名）

　　　　　　　　　　　　　　　　　　　　　　　　年　　月　　日填发

注：白色纸，复写一式两份，司机一份，存根一份。　　（规格 90 mm×130 mm）

也可用《技规》附件 4 调度命令的格式，见表 1.14。

表 1.14

*车站值班员**调度命令***

2009 年 *9* 月 *17* 日 *14* 时 *55* 分第 *1* 号

受令处所	*临潼站抄 5706 次司机*	调度员姓名	/
内容	*控制台监督表示器故障，车站不能确认第一个闭塞分区空闲，限本次列车以不超过 20 km/h 速度注意运行，加强瞭望到达第一架通过信号机前按其显示要求执行*		

（规格 110mm×160mm）受令车站　**临潼站**　车站值班员 ***秦勇***

1.6.5　红色许可证

《技规》规定，"车站行车室内一切电话中断时，单线行车按书面联络法，双线行车按时间间隔法。列车进入区间的行车凭证均为红色许可证（附件 3）。"（见表 1.15）

1. 红色许可证的作用

红色许可证包括许可证和通知书两部分，其作用是：

（1）许可证部分是一切电话中断时列车进入区间的行车凭证。它首先告知司机"现在一切电话中断"，准许本次列车进入的区间。其次，通知在本次列车前，曾向该区间发出列车的开车时间及是否到达邻站，使本次列车司机了解其运行前方区间是否空闲。如邻站到达通知未收到时，提醒本次列车司机应加强瞭望，防止与前发列车发生追尾事故。

（2）通知书部分是发车站与接车站确定次一列车占用区间的书面联络书。第一项是发车权的转换，通知接车站本次列车到达你站后，准接你站发出的列车。第二项是本次列车后再开续行列车的预告。如果本次列车在区间被迫停车，必须立即通知跟踪列车司机并对本次列车尾部进行防护，防止追尾事故发生。

凭证的红色具有提醒司机注意的警示作用。

表 1.15

许 可 证 第____号

现在一切电话中断，准许第____次列车自____站至____站，本列车前于____时____分发出的第____次列车，邻站到达通知 已/未 收到。

通 知 书

1、第____次列车到达你站后，准接你站发出的列车。
2、于____时____分发出第____次列车，并于____时____分再发出第____列车。

站（站名印）车站值班员（签名）
　　　　　　　　　　年　月　日填发

注：1. 红色纸，复写一式三份，司机、运转车长各一份，存根一份；（规格 90mm×130mm）
　　2. 不用的字句抹消。

2. 红色许可证填写样张

（1）已办妥闭塞而尚未发出的列车发车时，可采用以下两种方式：

① 对持有书面行车凭证的列车除向司机递交已办妥的书面行车凭证外，为了确定下次发车权，还应递交红色许可证的通知书，填写的样张见表 1.16 和表 1.17。

表 1.16

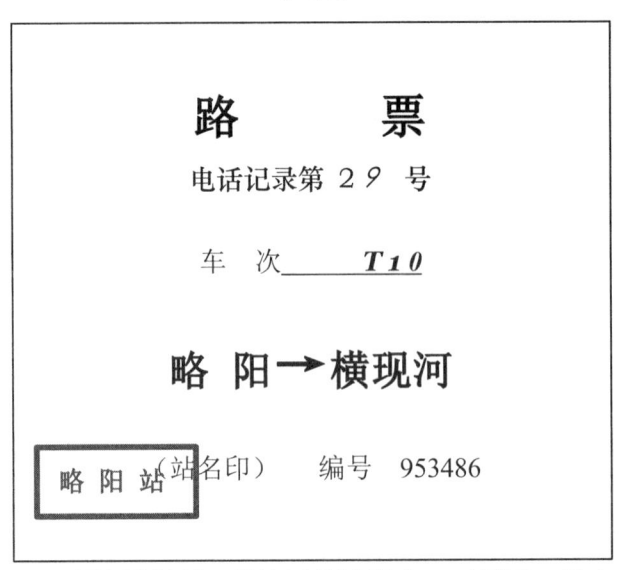

路　　票

电话记录第 *29* 号

车　次　　*T10*

略　阳 → 横现河

略阳站（站名印）　编号 953486

注：1. 路票为预先印好区间（即站名）和编号的硬卡片；　（规格 75mm×88mm）
　　2. 加盖 副 字戳记者，为路票副页。

表 1.17

许　可　证　第 _1_ 号
现在一切电话中断，准许第＿＿＿次列车自＿＿＿站至＿＿＿站，本列车前于＿＿＿时＿＿＿分发出的第＿＿＿次列车，邻站到达通知 已/未 收到。
通　知　书
1、第 _T10_ 次列车到达你站后，准接你站发出的列车。 2、于＿＿＿时＿＿＿分发出第＿＿＿次列车，并于＿＿＿时＿＿＿分再发出第＿＿＿列车。
略阳站　站（站名印）车站值班员（签名）_象　山_
2009 年 3 月 14 日填发

注：1. 红色纸，复写一式三份，司机、运转车长各一份，存根一份；
　　2. 不用的字句抹消。　　　　　　　　　　　（规格 90mm×130mm）

② 收回路票或关闭出站信号后，直接用红色许可证发车，填写的样张见表 1.18。

表 1.18

许　可　证　第 _1_ 号
现在一切电话中断，准许第 _T10_ 次列车自 _略阳_ 站至 _横观河_ 站，本列车前于＿＿＿时＿＿＿分发出的第＿＿＿次列车，邻站到达通知 已/未 收到。
通　知　书
1、第 _T10_ 次列车到达你站后，准接你站发出的列车。 2、于＿＿＿时＿＿＿分发出第＿＿＿次列车，并于＿＿＿时＿＿＿分再发出第＿＿＿列车。
略阳站　站（站名印）车站值班员（签名）_象　山_
2009 年 3 月 14 日填发

注：1. 红色纸，复写一式三份，司机、运转车长各一份，存根一份；
　　2. 不用的字句抹消。　　　　　　　　　　　（规格 90mm×130mm）

（2）未办妥闭塞单线区间开下行列车的车站优先发车时，红色许可证填写样张见表 1.19。

表 1.19

许 可 证　第 _1_ 号

现在一切电话中断，准许第 _26533_ 次列车自 _横现河_ 站至 _略阳_ 站，本列车前于＿＿时＿＿分发出的第＿＿次列车，邻站到达通知 已／未 收到。

通　知　书

1、第 _26533_ 次列车到达你站后，准接你站发出的列车。
2、于＿＿时＿＿分发出第＿＿次列车，并于＿＿时＿＿分再发出第＿＿列车。

　　横现河站　　站（站名印）车站值班员（签名）_南　山_

　　　　　　　　　　　　　　　　2009 年 3 月 14 日填发

注：1. 红色纸，复写一式三份，司机、运转车长各一份，存根一份；
　　2. 不用的字句抹消。
（规格 90mm×130mm）

（3）单、双线连续发出同方向列车时，两列车的间隔时间应按图定区间运行时分再加 3 min，但不得少于 13 min，红色许可证填写样张见表 1.20。

表 1.20

许 可 证　第 _2_ 号

现在一切电话中断，准许第 _19067_ 次列车自 _宝鸡_ 站至 _福临堡_ 站，本列车前于＿＿时＿＿分发出的第＿＿次列车，邻站到达通知 已／未 收到。

通　知　书

1、第＿＿次列车到达你站后，准接你站发出的列车。
2、于 _15_ 时 _23_ 分发出第 _19067_ 次列车后，并于 _15_ 时 _38_ 分再发出第 _27095_ 列车。

　　宝鸡站　　站（站名印）车站值班员（签名）_江　尚_

　　　　　　　　　　　　　　　　2009 年 3 月 21 日填发

注：1. 红色纸，复写一式三份，司机、运转车长各一份，存根一份；
　　2. 不用的字句抹消。
（规格 90mm×130mm）

注意：如果 19067 次在区间被迫停车，《技规》规定不准后退，列车乘务员应立即（不超过 3 min）对尾部防护，以防 27095 次追尾。

（4）优先发车站无待发列车时填写的通知书。

① 优先发车站无待发列车，以单机或重型轨道车向非优先发车站传递红色许可证中的通知书时，红色许可证填写样张见表1.21。

表1.21

许 可 证 第 _1_ 号
现在一切电话中断，准许第 _53001_ 次列车自 _韩城_ 站至 _英山_ 站，本列车前于 ___ 时 ___ 分发出的第 ___ 次列车，邻站到达通知收到。 已 未
通 知 书
1、第 _53001_ 次列车到达你站后，准接你站发出的列车。
2、于 ___ 时 ___ 分发出第 ___ 次列车，并于 ___ 时 ___ 分再发出第 ___ 列车。
略阳站 站（站名印）车站值班员（签名） _艾马_
2009 年 8 月 16 日填发

注：1. 红色纸，复写一式三份，司机、运转车长各一份，存根一份；
　　2. 不用的字句抹消。　　　　　　　　　　　　　　（规格 90mm×130mm）

（2）优先发车站无待发列车，又无单机或重型轨道车时，车站值班员应指派胜任人员利用一切交通工具或徒步向非优先发车站传递红色许可证中的通知书，填写样张见表1.22。

表1.22

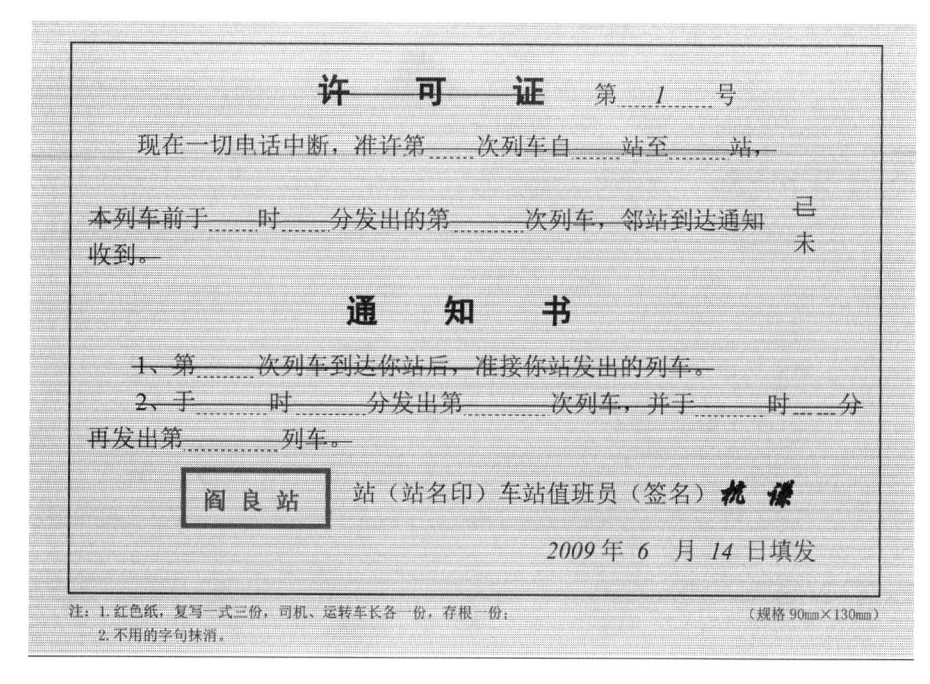

许 可 证 第 _1_ 号
现在一切电话中断，准许第 ___ 次列车自 ___ 站至 ___ 站，本列车前于 ___ 时 ___ 分发出的第 ___ 次列车，邻站到达通知收到。 已 未
通 知 书
1、第 ___ 次列车到达你站后，准接你站发出的列车。
2、于 ___ 时 ___ 分发出第 ___ 次列车，并于 ___ 时 ___ 分再发出第 ___ 列车。
阎良站 站（站名印）车站值班员（签名） _杭谋_
2009 年 6 月 14 日填发

注：1. 红色纸，复写一式三份，司机、运转车长各一份，存根一份；
　　2. 不用的字句抹消。　　　　　　　　　　　　　　（规格 90mm×130mm）

（5）同方向开行续行列车时。

① 提醒本次列车司机，前发列车邻站到达通知未收到时，红色许可证填写样张见表 1.23。

表 1.23

```
许  可  证     第  2  号

现在一切电话中断，准许第 43193 次列车自 凤县 站至 宏庆 站，
本列车前于 11 时 28 分发出的第 6063 次列车，邻站到达通知  已
收到。                                                    未

        通   知   书

1、第 43193 次列车到达你站后，准接你站发出的列车。
2、于＿＿时＿＿分发出第＿＿次列车，并于＿＿时
   ＿＿分再发出第＿＿列车。

凤县站   站（站名印）车站值班员（签名）唐 斌

                     2009 年 3 月 17 日填发

注：1. 红色纸，复写一式三份，司机、运转车长各一份，存根一份；  （规格 90mm×130mm）
    2. 不用的字句抹消。
```

② 提醒本次列车后还要再开续行列车时，红色许可证填写样张见表 1.24。

表 1.24

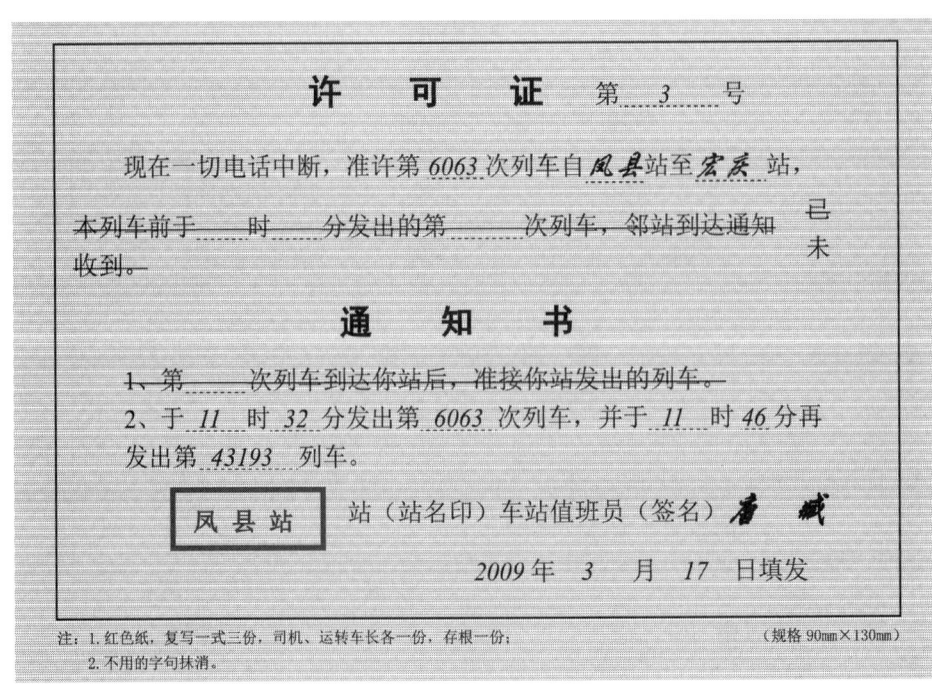

```
许  可  证     第  3  号

现在一切电话中断，准许第 6063 次列车自 凤县 站至 宏庆 站，
本列车前于＿＿时＿＿分发出的第＿＿次列车，邻站到达通知  已
收到。                                                    未

        通   知   书

1、第＿＿次列车到达你站后，准接你站发出的列车。
2、于 11 时 32 分发出第 6063 次列车，并于 11 时 46 分再
   发出第 43193 列车。

凤县站   站（站名印）车站值班员（签名）唐 斌

                     2009 年 3 月 17 日填发

注：1. 红色纸，复写一式三份，司机、运转车长各一份，存根一份；  （规格 90mm×130mm）
    2. 不用的字句抹消。
```

3. 填写红色许可证的注意事项

（1）填写一式两份，一份交司机、一份留存根。

（2）填写时必须字迹工整，不得涂改，不用的字必须抹消。填写错误应画"×"作废，重新填写。

（3）填写完毕后，确认无误再加盖站名印。

（4）必须坚持二人复诵核对制度。

（5）必须坚持发车进路准备妥当后，方准填写红色许可证。

1.6.6 调度命令

调度命令是列车调度员带有约束性的指令。行车有关部门、单位和人员都必须服从行车调度的调度命令，严格按照调度命令的具体要求进行工作。

1. 《铁路运输调度规则》（以下简称《调规》）关于发布调度命令的规定（摘录）

（1）行车工作必须严格执行单一指挥的原则

列车调度员是一个调度区段行车工作的统一指挥者，有关行车人员必须执行列车调度员的命令、指示，不得违反。

（2）调度命令的提前下达

列车调度员对下列列车的处理，应提前向有关站、段和乘务员发布调度命令：

① 临时利用空闲运行线运行。

② 临时合并运行或列车停运及恢复运行。

③ 使用原车次在枢纽内变更始发或到达的编组站。

④ 管内整列重车或整列空车变更到站。

（3）发布调度命令的基本规定

① 调度命令发布前，应详细了解现场情况，听取有关人员的意见，书写命令内容、受令处所必须正确、完整、清晰。

② 采用计算机发布调度命令时，必须严格遵守"一拟、二审核（按规定须监控人审核的）、三签（按规定须领导、值班主任签发的）、四发布、五确认签收"的发布程序。受令人必须认真核对命令内容并及时签收。

③ 采用电话发布调度命令时，必须严格遵守"一拟、二审核（按规定须监控人审核的）、三签（按规定须领导、值班主任签发的）、四发布、五复诵核对、六下达命令号和时间"的发布程序办理。发布、接收调度命令时，应填记《调度命令登记簿》（《技规》附件7），并记明发收人姓名及时刻。

④ 采用常用行车调度命令用语（《调规》附件2）拟写的命令，用计算机编辑时，"用语"中未用到的字句删除；书面拟写时，"用语"未用到的字句圈掉。

⑤ 调度命令书写不正确时，应重新书写，不得涂改。

⑥ 已发布的调度命令，遇有错、漏或变化时，必须取消前发命令，重新发布全部内容的调度命令。

⑦ 使用调度命令无线传送系统、计算机或传真机发布行车调度命令时，必须认真执行确认和回执制度。

⑧ 发布运行揭示调度命令，不准夹带与受令处所无关的内容和命令。

⑨ 发布有关线路、道岔限速的命令，必须注明具体地点（包括站内线别、道岔号码）、起止里程及时间。发布事故救援命令时，有关线路、道岔必须注明里程。

（4）发布行车调度命令的规定

① 指挥列车运行的命令和口头指示，只能由列车调度员发布。

② 铁路局列车调度员发布行车调度命令，要一事一令，不得发布无关内容。一事一令是指对一个独立事件发布一个命令，该独立事件包括单因素事件和多因素事件两类。单因素事件是指不与其他工作发生关联的简单事件；多因素事件是指涉及两项及其以上工作内容，且因此及彼、因果相关、时间相连的复杂事件，可发布一个调度命令。

③ 设有双线双向闭塞设备且作用良好区间，需要连续反方向行车时，可发布一个调度命令。

2. 需要发布调度命令的项目

遇下列情况需要发布行车调度命令，见表 1.25。

表 1.25

顺序	命令项目	受令者	
		司机	车站值班员
1	封锁、开通区间		○
2	向封锁区间开行救援列车、路用列车	○	○
3	临时变更或恢复原行车闭塞法	○	○
4	双线反方向行车、由双线改为单线或恢复双线行车	○	○
5	变更列车径路	○	○
6	发出在区间内停车或由区间返回的列车	○	○
7	开往区间内岔线的列车	○	○
8	发出临时由区间内返回后部补机的列车	○	○
9	列车需临时降弓运行	○	○
10	因行车设备故障、灾害或施工，以及列车中挂有限速的机车车辆等，需要使列车临时限速运行（纳入运行揭示调度命令或本务机车、动车组自身设备原因限速时除外）	○	○
11	动车组列车空调失效需打开部分车门限速运行	○	○
12	车站使用故障按钮、总辅助按钮		○
13	超长列车或列车挂有装载超限货物的车辆	○	○
14	单机附挂车辆	○	○
15	半自动闭塞区间，超长列车头部越过出站信号机（未压上出站方面的轨道电路）发车	○	○

续表

顺序	命令项目	受令者 司机	受令者 车站值班员
16	在非到发线上接发列车	○	○
17	调度日（班）计划以外，临时加开或停运列车（单机除外）	○	○
18	双线区间在区间内进行跨线装卸作业时，对开入其邻线的列车	○	○
19	双线区间在区间内有除雪机、起重机工作时，对开入其邻线的列车	○	○
20	双线区间在区间内发生冲突、脱轨、火灾、爆炸事故，对开入其邻线的列车	○	○
21	列尾装置故障（丢失）的货物列车继续运行	○	○
22	改按天气恶劣难以辨认信号的办法行车或恢复正常行车	○	○
23	动车组列车转入或退出隔离模式（被救援时除外）	○	
24	动车组列车在列控车载设备控车和列车运行监控装置控车之间人工转换	○	
25	临时利用本务机车调车作业	○	
26	利用天窗施工、维修作业		○
27	施工、维修作业较指定时间延迟结束		○
28	运行揭示调度命令与实际限速、行车方式或设备不符时	○	○
29	正线、到发线接触网停电或送电（接触网倒闸、跳闸后试送电、向中性区送电或弓网故障排查除外）		○
30	正线、到发线接触网停电后准许登顶作业	○	○
31	双管供风旅客列车运行途中改为单管供风	○	○
32	列车调度员认为有必要记录的上述以外的命令	有关人员	

注：① 划○者为受令人员。
② 天窗维修作业在指定的时间内完成并销记后，列车调度员不再发布维修作业结束恢复行车的调度命令。
③ 动车组列车改按列车运行监控装置方式运行需将列控车载设备隔离时，列车调度员仅发布改按列车运行监控装置方式行车的调度命令。
④ 因调车作业动车组控车模式转换，不发布调度命令。自动站间闭塞法行车转为半自动闭塞法行车及转回的调度命令，可不发给司机。

3. 作为行车凭证的调度命令

从表 1.25 可以看出，调度命令作为行车凭证的只有第 2 项，向封锁区间开行救援列车和路用列车。

（1）向封锁区间开行救援列车

《技规》规定："向封锁区间发出救援列车时，不办理闭塞手续，以列车调度员的命令，作为进入封锁区间的许可"。

调度命令作为书面行车凭证时，应当包括列车车次、使用区间、运行速度、停车地点、注意事项等内容。

① 向封锁区间开行救援列车（含救援单机）的调度命令填写样张见表 1.26。

表 1.26 调度命令

2019 年 <u>10</u> 月 <u>15</u> 日 <u>17</u> 时 <u>30</u> 分第 <u>70112</u> 号

受令处所	*临潼站、新丰镇站抄31045次司机：*	**调度员姓名**	*张安全*
内容	自接令时起，<u>*新丰镇*</u>站至<u>*临潼*</u>站间<u>*下行*</u>线区间封锁。准许<u>*新丰镇*</u>站利用<u>*31045*</u>次机车开<u>*58101*</u>次列车进入<u>*1048*</u> km <u>*200*</u> m 处救援，将<u>　　　</u>次推进（返回开<u>*58102*</u>次列车）至<u>*新丰镇*</u>站。		

（规格 110mm×160mm）受令车站 **新丰镇站** 车站值班员 <u>*洪门*</u>

② 列车分部运行封锁区间，利用原列车机车返回封锁区间挂取遗留车辆的调度命令填写样张见表 1.27。

表 1.27 调度命令

2015 年 <u>12</u> 月 <u>19</u> 日 <u>23</u> 时 <u>10</u> 分第 <u>72305</u> 号

受令处所	*英山站、韩城站 抄24008次司机、*	**调度员姓名**	*王军*
内容	根据<u>*韩城*</u>报告，<u>*24008*</u>次因<u>*发生断钩*</u>，自接令时起<u>*韩城*</u>站至<u>*英山*</u>站间行线区间封锁。准许<u>*韩城*</u>站利用<u>*24008*</u>次机车开<u>*58401*</u>次列车进入封锁区间<u>*103*</u> km <u>*800*</u> m 处挂取遗留车辆，将次推进（返回开<u>*58402*</u>次列车）至<u>*韩城*</u>站。（区间限速 <u>*50*</u> km/h）。		

（规格 110mm×160mm）受令车站 **韩城站** 车站值班员 <u>*张山*</u>

（2）向封锁区间开行路用列车

路用列车进入封锁区间的行车凭证为调度命令。该命令中应包括路用列车车次、运行速度、停车地点、停车时间、到达邻站或返回发车站的时刻等有关注意事项。

向封锁区间开行路用列车的调度命令填写样张见表 1.28。

表 1.28 调度命令

2019 年 <u>4</u> 月 <u>17</u> 日 <u>15</u> 时 <u>20</u> 分第 <u>72308</u> 号

受令处所	*渭南、树园、渭南抄57001/57002 次司机、施工负责人：*	**调度员姓名**	*张西安*
内容	因<u>*渭南*</u>站至<u>*树园*</u>站间<u>*上行*</u>线施工，自 <u>*15*</u> 时 <u>*30*</u> 分（次列车到站）起区间封锁，限 <u>*17*</u> 时 <u>*10*</u> 分施工完毕。 准许供电部门在 <u>*1012*</u> km <u>*500*</u> m 至 <u>*1013*</u> km <u>*200*</u> m 处施工。 准许<u>*渭南*</u>站开 <u>*57002*</u> 次，进入封锁区间 <u>*1013*</u> km <u>*500*</u> m 防护点处停车，按施工负责人的指示进行作业，（返回开 <u>*57001*</u> 次列车）限 <u>*17*</u> 时 <u>*05*</u> 分前到达<u>*渭南*</u>站。		

（规格 110 mm×160 mm）受令车站 **渭南站** 车站值班员 <u>*卫华*</u>

4. 申请、接受调度命令的注意事项

（1）车站值班员向列车调度员申请发布封锁区间的命令必须要有根据。例如，施工计划及施工负责人在车站行车室（信号楼）运统 46 中的施工请求；区间机车乘务员的事故救援请求；工务、供电、电务部门有关人员的险情报告等。

（2）双线、多线区间线别要准确。施工或事故救援地点要核实清楚，不得有误。

（3）向封锁区间开行救援列车或路用列车时，调度命令中的区间、车次（往返）、运行速度、停车地点要准确无误。接车方式要明确，是开放进站信号接车还是引导接车；是人工引导接车还是开放引导信号接车。路用列车应明确到达车站（是到达前方站还是返回本站）的时刻。

（4）命令内容齐全正确、字迹工整、不得涂改、不用的字要抹消。不能出现错别字，不能出现自造字，更不能使人产生误解。

（5）增强法治观念，千万不可捏造调度命令。

1.6.7 出站（跟踪）调车通知书

由于业务量的关系，一些中间站未设牵出线，往往要利用正线进行调车作业。当调车车列（含机车）的长度大于最外方道岔尖轨尖端与进站信号机或站界标的距离时，调车车列势必进入区间才能完成调车作业，这就需要越出站界调车或跟踪出站调车。此时，调车车列进入区间的凭证就是出站（跟踪）调车通知书。

1. 出站（跟踪）调车

（1）越出站界调车

利用列车运行间隙，使调车车列越过进站信号机或站界标进入区间的调车，称为越出站界调车。

① 双线正方向越出站界调车。

《技规》规定，"越出站界调车时，双线区间正方向，必须区间（自动闭塞区间为第一闭塞分区）空闲，单线自动闭塞区间，闭塞系统必须在发车位置，第一闭塞分区空闲，经车站值班员口头准许并通知司机后，方可出站调车。"

在正常情况下，双线区间列车运行执行单向行车制，即上行列车走上行正线，下行列车走下行正线，称之为正方向行车。正方向办理越出站界调车的车站具有发车权，可不与对方站办理占用区间的闭塞手续。单线自动闭塞，区间是双向行车，只要办理越出站界调车的车站闭塞系统在发车位置，控制着发车权，也可不与对方站办理闭塞手续。越出站界调车时，只要确认双线正方向区间或第一个闭塞分区空闲、单线自动闭塞第一个闭塞分区空闲，经车站值班员口头准许并通知司机后，即可出站调车。

② 单线半自动（自动站间）闭塞和双线反方向越出站界调车。

在单线区间，列车运行执行的是双向行车制，即区间一条正线，既可以走上行列车，又可以走下行列车，发车权属于区间两端站。所以，《技规》规定，"单线半自动闭塞区间和双线反方向出站调车时，须有停止基本闭塞法的调度命令，与邻站办理闭塞手续，并发给司机出站调车通知书（附件 5）。"

单线半自动（自动站间）闭塞区间出站调车，首先区间必须空闲，必须有停止基本闭塞法改用电话闭塞法（以下简称为停基改电）的调度命令；其次要与邻站办理电话闭塞手续，邻站发出电话记录号码承认，并发给司机出站调车通知书，方可越出站界调车。

这里需要提醒的是，如果本站已经发出电话记录号码承认邻站越出站界调车，就一定要在控制台上加挂"邻站出站调车"或"邻站跟踪调车"表示牌，防止向已被邻站调车占用的区间发出列车。

（2）跟踪出站调车

列车由车站出发后尚未到达前方站，间隔一定的距离或时间，调车车列跟随出站列车后面越过进站信号机或站界标进入区间的调车作业，称为跟踪出站调车。

跟踪出站调车的优点是：在同一区间内，组织列车运行与调车车列平行作业，可充分利用区间通过能力，压缩调车等待时间。缺点是：在同一区间、同一时间内有调车车列和列车同时运行，容易诱发冲突事故。为了防患于未然，《技规》做了一系列的限制：

① 只准许在单线区间及双线正方向线路上办理。双线反方向不准办理跟踪出站调车。

② 为保证跟踪出站调车的车列与前行列车保持一定距离，须等前发列车的尾部越过预告信号机或靠近车站的第一个预告标后，方可跟踪出站调车。

③ 考虑到前行列车有退行的可能，跟踪出站调车的距离最远不得越出站界 500 m。

④ 遇前行列车须由区间返回，或挂有由区间返回后部补机的列车时，禁止跟踪出站调车。

⑤ 遇一切电话中断、降雾、暴风雪时，禁止跟踪出站调车。

⑥ 出站方向区间内有瞭望不良的地形、有连续长大上坡道的车站（站名由铁路局公布）时，禁止办理跟踪出站调车。

2. 出站（跟踪）调车通知书填写样张

（1）双线反方向出站调车通知书填写样张见表 1.29。

表 1.29

出站/跟踪 调车通知书

对方站承认的号码第 _15_ 号，   反方向

准许自 13 时 25 分起 至 50 分止 42104 次机车由本车站向 地下 区间 出站/跟踪 调车。

罗敷站

站（站名印）车站值班员（扳道员）（签名） 秦健

2009 年 3 月 21 日填发

注：不用的字句抹消。　　　　　　　　　　　（规格 90mm×130mm）

（2）双线车站跟踪调车通知书填写样张见表 1.30。

表 1.30

~~出站~~ 跟踪 **调车通知书**

对方站承认的号码第　　　1　　　号，

准许 自 9 时 28 分 起 42103 次机车由本车站向 莲花寺 区间 ~~出站~~ 跟踪 调车。
至　　时 43 分 止

| 柳枝站 | 站（站名印）车站值班员（扳道员）（签名） 宁山 |

2009 年 10 月 14 日填发

注：不用的字句抹消。　　　　　　　　　　　　　　　　（规格 90mm×130mm）

（3）单线车站出站调车通知书填写样张见表 1.31。

表 1.31

出站 ~~跟踪~~ **调车通知书**

对方站承认的号码第　　　15　　　号，

准许 自 13 时 15 分 起 42103 次机车由本车站向 略阳 区间 出站 ~~跟踪~~ 调车。
至　　时 25 分 止

| 横现河站 | 站（站名印）车站值班员（扳道员）（签名） 康献 |

2009 年 3 月 21 日填发

注：不用的字句抹消。　　　　　　　　　　　　　　　　（规格 90mm×130mm）

3. 使用时的注意事项

（1）单线半自动闭塞区间和双线反方向出站调车时，必须有停止基本闭塞法的调度命令。

（2）必须与邻站办理闭塞手续。与邻站办理闭塞手续，就是取得邻站承认本站调车车列占用区间的许可。邻站承认的依据就是其发出的电话记录号码。根据邻站承认的电话记录号码填写"出站（跟踪）调车通知书"。

（3）与邻站办妥闭塞手续，应及时在控制台上进站信号机的列车按钮或出站方面的终端按钮上加挂"出站调车"或"跟踪调车"表示牌。

（4）遇邻站有对向列车开来、区间不空闲时，严禁预填"出站（跟踪）调车通知书"交给调车司机。

（5）填写"出站（跟踪）调车通知书"时，应区间准确，并做到内容齐全：有电话记录号码，有站名印，有车站值班员签名，有起止时分，有作业列车车次，有年月日。应字迹工整，不得涂改，不用的字句抹消。

（6）当越出站界的调车车列回站待避列车后，如需要继续越出站界调车时，应重新办理手续，不得使用原出站调车凭证。

（7）调车车列返回站内、调车作业完毕后，应通知调车指挥人及时收回"出站（跟踪）调车通知书"，以防肇事。越出站界的调车车列未返回车站、"出站（跟踪）调车通知书"未收回时，严禁办理区间开通手续。

（8）严禁捏造调度命令和对方站承认的电话记录号码。

4. 错误使用出站（跟踪）调车通知书的事故案例

【案例1】 单线区段某站调车作业发生侧面冲突重大事故

事故经过：

××年×月×日某站33146次在站调车时，越出1道出站兼调车信号机，在3号道岔处（K171+374 m）与通过的33153次货物列车发生侧面冲突，造成机车报废1台、小破1台，货车报废4辆、小破2辆，中断正线行车16小时23分，构成行车较大事故。

事故原因：

（1）该站属于单线半自动、集中联锁，车站值班员擅自编写调度命令内容；在未办电话闭塞的情况下，擅自编写邻站承认的电话记录号码（20号），填写出站（跟踪）调车通知书。事实上该区间当时有33153次列车占用。

（2）助理值班员（担当调车指挥人）未确认区间是否空闲，将出站（跟踪）调车通知书、调车作业计划提前交给33146次司机。

（3）33146次列车司机既未认真确认出站（跟踪）调车通知书的起止时分，也未确认信号，擅自越过关闭的1道出站兼调车信号机。

事故教训：

（1）车站值班员擅自编写调度命令内容；在未办闭塞的情况下，擅自编写邻站承认的电话记录号码（20号），不仅是违章，而且是违法。

（2）车站值班员在33153次列车未到、区间不空闲、调车进路没有准备的条件下，提前填写出站调车通知书、调度命令并指示助理值班员交予司机，是事故形成的关键。

（3）助理值班员接到出站调车通知书没有认真确认调车作业的起止时分，提前交予司机后，双方又没有按规定复核，错过了防止事故的时机。

（4）33146次列车司机在1道出站兼调车信号机关闭的状态下盲目牵出车列，是导致事故发生的直接原因。

【案例2】某单线铁路车站擅自办理跟踪调车构成行车事故

事故经过：

××年×月×日6时57分，85572次货物列车在甲站通过后，甲站值班员在没有取得列车调度员许可和乙站值班员承认的情况下，于07时05分擅自填写"出站（跟踪）调车通知书"，办理调机跟踪85572次调车作业。85572次于07时07分到达乙站，乙站值班员请求86583次闭塞，甲站值班员认为调机能够返回，于是就承认了86583次闭塞。7时09分甲站值班员听到乙站通报"86583次×道通过、出站信号好了"的呼叫，发现调机还未返回，立即用无线列调呼叫"86583次列车停车，调车机抓紧退回"。86583次列车司机听到呼叫后立即采取停车措施，07时12分越过乙站下行出站信号机317 m停车，调1机车07时12分退回甲站站内，构成向占用区间发出列车的一般C类事故。

事故原因：

（1）甲站值班员违反《技规》规定，办理调机跟踪出站调车时，未经列车调度员许可，未取得乙站值班员的同意。

（2）甲站值班员违反《技规》"车站值班员在办理闭塞时，应确认区间空闲"的规定，明知调机还在区间，盲目承认86583次闭塞，是造成这起事故的直接原因。

（3）甲站值班员调车作业前不按规定通知值班干部上岗监控，事后伪造值班干部在调车通知单上签名。

事故教训：

（1）甲站值班员捏造电话记录号码，属违法行为。

（2）甲站值班员存在严重的侥幸心理，盲目认为86583次由乙站通过前，调机能够由区间返回。

（3）信号员失去对值班员的互控，没有起到防止事故的作用。

（4）车站监控不严，出站调车监控不力。

任务1.7 接发列车的主要项目

不间断地接发列车，严格按运行图行车，是车站的基本任务之一。铁路部门根据我国当前不同的行车闭塞方法、人员配备和作业方法等情况，在既考虑正常情况下的作业方法，又考虑非正常情况下的特定措施的前提下，结合不同闭塞法、不同联锁类型和不同的劳动组织形式，颁发了《铁路接发列车作业》标准。标准的实施，提高了接发列车作业的安全程度与作业效率，完善了接发列车作业组织，促进了作业合理化，推动了接发列车工作管理的现代

化。车站接发列车人员必须严格按标准作业，不得简化。

接发列车主要涉及的人员有车站值班员、助理值班员、信号员、扳道员。目前部分铁路局将信号员职名改为助理值班员（内勤）。在工作中，车站值班员是指挥者，负责与邻站、调度、司机以及其他相关岗位的沟通、联控，助理值班员负责接送列车、监控列车，信号员负责办理进路、开闭信号等工作。有扳道员的车站，扳道员负责准备进路。

1.7.1 办理闭塞应确认区间空闲

车站值班员在办理闭塞前应确认区间空闲。我国铁路采用的行车闭塞法，无论是基本的还是代用的，都属于空间间隔法。虽然这些闭塞方法在正常情况下都能实现在同一时间、同一区间（或闭塞分区）内的一条正线上只有一列列车运行，但因设备本身的欠缺，或因办理人员的疏忽，仍可能让另一列车开入占用区间。例如，半自动闭塞区间遗留车辆或列车全部在区间，就设备而言仍可办理区间开通和将下一列车开入区间的闭塞手续。使用电话闭塞法时，本身没有设备控制，区间是否空闲全靠电话联系，更要认真做好这一作业。确认区间空闲时，除人工检查前一列车是否全部到达、补机是否返回、出站（跟踪）调车是否完毕，以及有无轻型车辆占用和区间封锁外，还应从设备上确认区间空闲。

（1）自动闭塞：通过控制台的监督器（列车离去表示灯）或出站信号机复示器，确认第一及第二闭塞分区空闲的情况，在四显示区段，还应确认第三闭塞分区的空闲情况。

（2）半自动闭塞：除根据闭塞机上闭塞表示灯显示外，还应根据《行车日志》确认。

（3）电话闭塞：根据《行车日志》列车到达的电话记录确认。

在双线或多线区间，还应特别注意确认超限列车与其他列车在区间会车时，相邻两线的线间距是否满足规定要求。如双线区间动车组在 CTCS-2 区段运行时，就禁止在区间与超限货物列车交会。

1.7.2 进路的布置、准备及确认

正确、及时地准备好列车进路是接发列车工作中的关键。车站值班员必须亲自布置和听取进路准备妥当的报告。

1. 进路的布置

（1）布置内容

车站值班员应讲清车次和占用线路（接入股道或由某道出发）。如车站一端有两个及其以上列车运行方向或双线反方向行车时，还要讲清方向和线别。

（2）要求

① 按《站细》规定时间，正确、及时地布置进路。

② 简明清楚。布置进路应按《铁路接发列车作业》标准规定的程序和用语办理，不得简化。布置进路的命令不准与其他作业的命令、通知一起下达。

③ 受令人复诵。当两人及其以上同时接受准备进路的命令时，应指定一人复诵。车站值班员要认真听取复诵，核对无误后方可按发布命令执行。

当车站联锁失效时，车站值班员布置进路必须两端扳道员同时布置，以防列车进站时，

另一端扳道员不了解车站值班员的命令而将调车机放入，造成有车线接车，甚至发生冲突。

2. 进路的准备

（1）道岔的扳动及转换

扳道、信号人员应严格按照车站值班员的接发列车命令、调车作业计划，正确、及时地准备进路。在操纵道岔、信号时，要手比、眼看、口呼，认真执行"一看、二扳（按）、三确认、四显示（呼唤）"制度；对进路上不该扳动的道岔，也应认真进行确认。接发列车进路准备完了后，及时报告车站值班员（能从设备上确认者除外）。集中联锁车站，办理旅客列车进路后，要在按钮上加扣客车帽。

① 扳动道岔的程序。

"一看"：在扳动前看所扳道岔的开通方向；看接车线是否空闲；看机车车辆是否越过警冲标；看机车车辆是否越过联动道岔。

"二扳（按）"：将道岔扳到所需位置。

"三确认"：确认道岔开通位置是否正确，尖轨与基本轨是否密贴，进路有关道岔位置是否正确，确认影响进路的调车作业是否停止。

"四显示（呼唤）"：确认无误后，呼唤"×道准备好了"，并向车站值班员汇报进路准备妥当或向要道人员显示股道号码和进路准备妥当手信号。

② 集中联锁车站人工转换道岔的方法。

集中联锁车站在停电或故障时，需使用手摇把就地人工操纵道岔。人工操纵道岔所使用的电动转辙机钥匙及手摇把是在固定地点存放的，并应进行编号，平时由信号工区加封。遇电气集中联锁设备故障时，车站值班员应立即通知信号工区并在《行车设备检查登记簿》内登记，为保证不间断接发列车，应在车站值班员指示下，由扳道人员在现场手摇道岔。手摇道岔时，应在《站细》规定地点取来钥匙，将钥匙孔盖上的锁打开（见图1.28），使钥匙孔盖向下方转动，露出手摇把孔。将手摇把插入孔内，手摇转动36~38圈，听到"咔嚓"的声音后，即表示道岔已手摇到位，尖轨被锁闭。由于"咔嚓"的声音很小，加上现场声音嘈杂，必须注意观察，切不可未手摇到位即抽出手摇把。对应加锁的道岔，即使已摇到位，听到"咔嚓"的声音，也必须加锁，以确保进路安全。

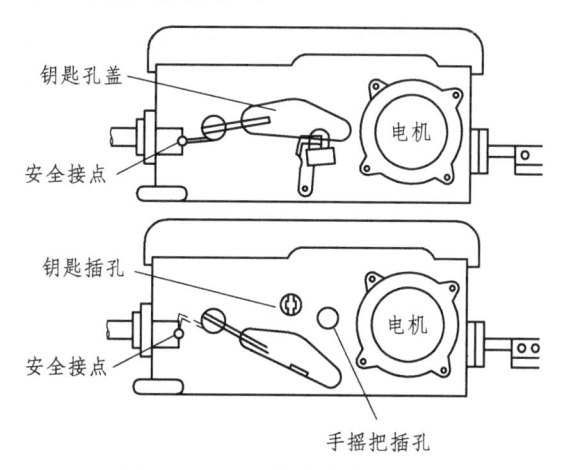

图1.28 人工转换道岔示意图

经过手摇的道岔，不能自动恢复集中操纵。转辙机底壳内的安全接点是非自复式的，由于抽出手摇把后安全接点亦不能接通，钥匙孔盖亦不能恢复原来的位置，电动转辙机还处于断电状态。即便恢复供电，该道岔的电动转辙机仍不能动作，使人工转换后的道岔不改变其开通方向，保证进路的正确。

电气集中设备恢复正常，停止手摇道岔，在接车时就在列车全部进入警冲标内方，发车时出发列车应整列出站，再由电务人员使用专用钥匙打开电动转辙机机盖，经确认设备处于正常状态，接通安全接点，钥匙孔盖恢复原来位置，手摇把插孔被覆盖，人工转换停止。此时，对电动转辙机及钥匙孔盖加锁，当道岔操纵电路恢复后，即列入集中操纵。

为了适应列车提速的需要，目前许多区段都安装了分动外锁闭可动心轨道岔。这种道岔是由交流液压电动转辙机操纵的，转辙机内无齿轮传动装置。若手工摇岔时，转数不固定，约在 200 转以上，摇动期间不能停顿，停动后又要从头摇动，因此，对手工摇岔有一定难度。同时，由于道岔的两尖轨是分别动作的，一尖轨与基本轨密贴后，另一尖轨方开始动作，必须两尖轨动作均到位后，才能停止摇动。有的道岔是由两组液压转辙机操纵，在摇动时还要注意另一转辙机的动作。外锁闭道岔的锁闭力可在 600 kN 以上，而内锁闭道岔的锁闭力仅在 50 kN 左右。因而外锁闭道岔对列车提速后产生的较大冲击力，有着良好的适应作用。但在人工手摇道岔时，由于人员的疏忽错误开通道岔方向时，列车很难冲开密贴的尖轨与基本轨，很可能造成列车脱轨事故。分动外锁闭可动心轨道岔在进行人工转换时必须确保两尖轨都转换到位，同时还必须确保心轨与尖轨开通方向一致。铁路局应在《行规》中制定操纵、使用及加锁的规定。

（2）无联锁接发列车时道岔的人工加锁

进站或出站信号机故障或不能使用时，接发车进路上的道岔位置不能由设备进行检查，同时进路上有关道岔亦失去了联锁。在无联锁线路上接发列车时，除确保进路上有关道岔位置正确外，还应根据《技规》的规定，将进路上对向道岔及邻线上的防护道岔进行人工加锁。进路上的分动外锁闭道岔无论对向或顺向均应对密贴尖轨、斥离尖轨和可动心轨加锁。具体加锁办法由铁路局规定。

列车经辙叉向尖轨运行时，该道岔为进路上的顺向道岔；列车由尖轨向辙叉运行时，该道岔为进路上的对向道岔。当进路上顺向道岔开通位置错误时，可能造成挤岔事故；当对向道岔开通位置错误时，则可能使列车进入不该进入的线路，与该线内的机车、车辆发生冲突，其后果严重。图 1.29 为某站上行咽喉示意图，当正方向运行的上行列车进 6 道时，进路上应加锁的对向道岔为 10、14.20、22.24 号道岔，当下行列车由 3 道向下行正线发车时，进路上应加锁的对向道岔为 12 号路岔。

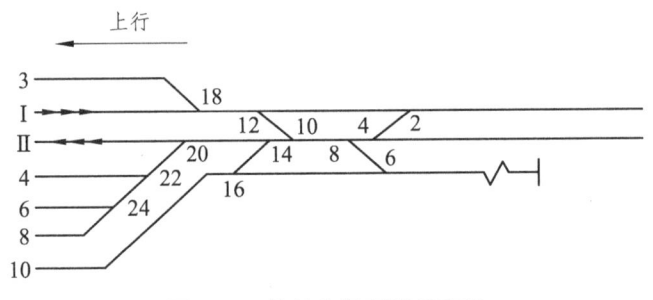

图 1.29 某站上行咽喉示意图

防护道岔是能将邻线上的进路与本线上的接发车进路隔开的道岔。若其开通位置错误，则可能造成邻线上的机车车辆错误闯入接发车进路。为此，要求在防护道岔开通位置正确以后加锁。由于进路不同，邻线上防护进路的道岔亦不相同。如图1.29所示，正方向运行的上行列车进6道时，防护道岔为2、6、12、16号道岔；下行列车由3道发车时，其防护道岔则为10、4号道岔。

（3）部分道岔联锁失效时进路的准备

集中联锁的车站，当一条接发列车进路上部分道岔区段轨道电路故障或道岔失去定反位表示时，对非故障道岔仍可采用集中设备进行锁闭，锁闭方式包括单独锁闭、调车进路锁闭、引导进路锁闭和引导总锁闭。对轨道电路故障后无须人工转换的道岔应采用单独锁闭，以防因故障导致道岔的错误解锁。对失去定反位表示的道岔、因故障而人工转换后的道岔、无联锁的道岔必须严格按上述规定进行人工加锁。

3. 进路的确认

（1）确认接车线路空闲

确认接车线路空闲是指接车线无封锁施工，无机车、车辆、动车、重型轨道车，以及轻型车辆、小车及其他能造成脱轨的障碍物。

确认的方法如下：

① 设有轨道电路的车站，在设备正常的情况下，当股道有车时控制台上就有所表示，进路开通有车线时进站信号机不能开放，从而保证了接车安全。但在集中联锁车站也应填记"占线板（簿）"，以便车站值班员掌握和确认。曾发生过一起真实案例，某集中车站的股道里存有一辆车，因轨面有砂，轨道电路不起作用，而车站值班员只看控制台不填记占线板，误将列车接入有车线，幸被司机及时发现才未造成严重后果。还要特别注意确认股道无封锁施工，无轻型车辆、小车及可能造成脱轨的障碍物。

② 未设轨道电路的车站，股道有车时控制台无任何表示，当进路开通有车线时进站信号机仍能开放，极易发生有车线接车的事故。这样的车站不仅要严格手续（如填记占线板），还必须要到现场确认。全路曾多次发生因未确认接车线路空闲而将列车接入的事故，特别是旅客列车，造成了巨大损失和恶劣影响，必须引起足够重视。在车站未设轨道电路或在停电故障等无联锁情况下，必须严格按照《铁路接发列车作业》标准指派有关人员现场确认并汇报。接发列车时，助理值班员应提前出场，与扳道员对道，在确认进路正确后才能接发列车。但有的车站助理值班员却简化作业程序，不对道。曾发生过将两列车接入同一接车线的行车事故，教训极为深刻。

（2）确认进路有关道岔位置正确

扳道员在准备进路完了时，要确认道岔的开通位置，以确保进路的正确。车站值班员可通过控制台的光带或听取扳道人员汇报确认道岔位置。当联锁失效或无联锁线路接发车时，要执行再度确认，有的车站要求二人现场确认，同时还要确认道岔加锁情况。

"再度确认"，即在扳道员（包括手摇道岔人员）汇报"进路准备妥当，道岔已加锁"后，车站值班员随即命令"再度确认"。扳道员再按接发车进路顺序（接车时由外向里，发车时由里向外）对道岔位置确认一个汇报一个，值班员对照控制台逐个确认。

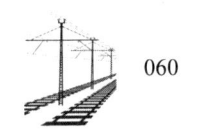

"二人现场确认"由扳道员及引导人员进行。当扳道员准备进路时,要确认接车线路空闲、进路道岔开通位置正确,影响进路的调车作业停止后,引导人员亦应按此顺序确认。扳道人员及引导人员均应向车站值班员汇报。在无联锁情况下准备进路时,部分车站派去两端作业的扳道员及引导员往往分工不明确,实际形成两个扳道员,为少走路,两人分别"包干"。车站值班员在发布准备进路命令及听取汇报时也不分人,谁汇报都行。造成分工不明确,导致进路没人再次检查,因而多次发生事故,要引起注意。

(3)确认影响接发列车进路的调车作业已经停止

在开放进站或出站信号机前,必须停止影响列车进路的调车作业,以保证信号机的及时开放及列车出入车站的安全。未确认影响进路的调车作业是否停止就盲目开放信号,有可能造成列车冲突。

影响进路的调车作业指:

① 调车进路与接发列车进路重叠、交叉时。

② 调车进路的相邻线路接发超限列车,或接发列车进路的相邻线路调动超限车辆,其线间距不足规定要求时。

③ 调车进路违反接发旅客列车特定的限制条件时。

④ 进站信号机外制动距离内进站方向为超过 6‰ 的下坡道,在接车线末端无隔开设备的延续线上调车作业时。

⑤ 其他影响列车进路的调车作业(如在无隔开设备的线路上手推调车)。

停止影响接发列车进路调车作业的时间及通知方法,应在《站细》内规定,严禁"抢钩"作业,严格遵守"调车作业服从于接发列车作业"的原则。

1.7.3 信号机的开闭时机

1. 信号机的开放时机

(1)进站信号机

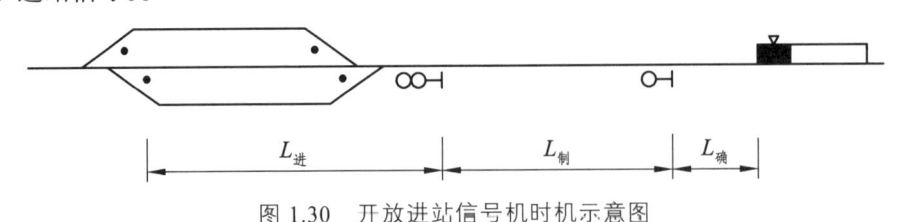

图 1.30 开放进站信号机时机示意图

进站信号机开放后即锁闭有关进路上的道岔,过早开放会过早占用咽喉区,影响站内其他作业;晚开放信号可能使列车在信号机外减速甚至停车。最迟开放进站信号机的时机为列车运行至预告信号机前司机能确认信号机显示的地点,如图 1.30 所示。

$$t_{开} = \frac{L_{进} + L_{制} + L_{确}}{v_{进}} \times 0.06 \ (\text{min})$$

式中 $L_{进}$——进站信号机至出站信号机或接车线末端警冲标之间的距离(m);

        $L_{确}$——司机确认信号显示的距离(m);

$L_制$——列车制动距离（m）；

$v_进$——列车进站的平均速度（km/h）；

0.06——千米/小时（km/h）转换为米/分（m/min）的单位换算系数。

（2）出站信号机

开放出站信号机的时机，须根据出站信号机开放后至列车起动前，办理全部作业所需的时间而定。其中包括：助理值班员确认出站信号机的开放状态、显示发车指示信号或发车信号；司机确认信号、确认发车条件完全具备，起动列车等。

提前开放信号机的时间应在《站细》内规定。

2. 信号机的关闭时机

信号机关闭后，有关道岔即解锁（装有道岔区段轨道电路的车站除外）。信号机关闭过早，可能造成进路道岔错误转换或敌对信号开放，从而威胁列车运行安全；关闭过晚会耽误其他作业，影响效率。集中联锁车站的进站、进路、出站信号机，设有轨道电路的线路所通过信号机及自动闭塞区段的通过信号机，由于轨道电路的作用，当机车或车辆第一轮对越过该信号机后自动关闭。引导信号应在列车头部越过信号机后及时关闭。

1.7.4 交接凭证

这里所说的凭证，是指出站（线路所通过、发车进路）信号机显示的进行信号以外的摸得着、拿得到的"证件"，如绿色许可证、路票、红色许可证、列车进入封锁区间的"调度命令"等。

交接的凭证（包括转交司机的调度命令、口头指示、预告等），要认真检查是否正确。通过列车交接时要注意人身安全，交不上时应停车交付。车站收回凭证后，要确认凭证是否正确，及时注销保管。

1.7.5 接送列车

列车出入车站时，必须由助理值班员、扳道员等接发车人员在室外立岗接送列车，确认列车的整列出发、完整到达、进入警冲标内方等，同时还要监视列车运行状态及货物装载状态，及时处理危及行车安全的问题。接送列车作业不仅涉及列车进出车站的安全，也对列车在区间运行的安全有着重要影响。因此，车站值班员必须按《站细》规定及时通知有关人员到岗接车，站内平过道应加强监护。

1. 立岗接送列车

接发列车时，接发车人员应携带列车无线调度通信设备、持手信号旗（灯），站在规定地点接送列车，注意列车运行和货物装载状态。

（1）停车列车

接停车列车，应首先确认接车线路上有无行人和障碍物，站台上的旅客是否站在安全白线里面。列车在站内停车时，应停于接车线警冲标内方。在设有出站信号机的线路上，列车头部不得越过出站信号机。当列车尾部停在警冲标外方或压轨道绝缘时，接车人员应使用无

线调度通信设备等通知司机或显示向前移动的手信号：昼间为拢起的手信号旗上下摇动；夜间为白色灯光上下摇动，也可辅以其他手段通知司机，使列车向前移动。

（2）通过或出发列车

接通过列车，除应按规定确认出站信号或交接行车凭证外，还应确认通过线路上有无行人和障碍物。当特快旅客列车通过车站时，为确保站台上旅客和特快旅客列车的安全，要组织旅客站在安全线以内。特速旅客列车通过的车站，通过线路的站台边缘安全线设在距钢轨头部外侧 2.5 m 处。注意列车运行和货物装载状态，发现车辆燃轴、抱闸、制动梁脱落、篷布绳索脱落、货物窜动或倾斜、倒塌等危及行车安全的情况时，要立即通知司机或采取措施。

发现旅客列车尾部标志灯光熄灭时，通知车辆乘务员进行整理。在自动闭塞区段，通知不到时，应使列车停车整理。自动闭塞区段列车是追踪运行的，尾部标志灯光熄灭时，对列车运行安全影响更大。

发现货物列车列尾装置丢失时，应报告列车调度员，并通知司机在前方站停车处理。

2. 列车接近车站、进站和出站的报告

列车接近车站、进站和出站时，接发车人员应及时向车站值班员报告列车进出站的情况（能从设备上确认者除外），以便车站值班员及时通知相关人员出场接车，及时确认列车的整列出发与到达。旅客列车、不挂车的单机以及重型轨道车和通过列车，可省略整列车到达报告。

1.7.6 发 车

当车站做好发车准备并具备发车条件后，应向司机显示发车信号。

1. 显示发车信号的条件

车站值班员、助理值班员确认发车进路准备妥当，行车凭证已交付，出站（进路）信号机已开放，旅客上下、站车交接、装卸作业完毕，列检作业完毕并已撤除防护，发车条件完备后，车站值班员（助理值班员）方可向司机显示发车信号（昼间：展开的绿色信号旗上弧线向列车方面作圆形转动；夜间：绿色灯光上弧线向列车方面作圆形转动）。

2. 使用发车表示器发车

因曲线或其他原因，司机难以确认发车信号时，可装设发车表示器。发车表示器平时不着灯，当显示一个白色灯光时，表示准许发车。

（1）出站信号机开放后，发车人员所在地点（雨棚柱或发车线间的发车柱上）的发车指示信号按钮处亮一白灯。发车人员确认发车条件具备后，按压"发车指示按钮"，白灯熄灭，而列车尾部附近发车按钮处的发车指示灯亮白灯。

（2）司机确认出站信号机已开放并确认发车表示器亮一白灯后开车，列车出发，当出站信号机关闭后，发车表示器自动熄灭。

3. 使用列车无线调度通信设备发车

通信记录装置良好的车站，单机、动车、重型轨道车准许使用列车无线调度通信设备发车。使用列车无线调度通信设备发车，发车人员必须站在《站细》指定的地点，严禁不在现场的"遥控"发车。

4. 恶劣天气情况下的发车

遇天气恶劣，信号机显示距离不足 200 m 时，司机或车站值班员须立即报告列车调度员，列车调度员应及时发布调度命令，改按天气恶劣难以辨认信号的办法行车。天气转好时，应及时报告列车调度员发布调度命令，恢复正常行车。

当无法辨认出站（进路）信号机显示时，在列车具备发车条件后，司机凭车站值班员列车无线调度通信设备（其通信记录装置须作用良好）的开车通知，起动列车，在确认出站（进路）信号机显示正确后再行加速。

5. 动车组发车

动车组发车前，列车长确认旅客上下完毕后，通知司机或随车机械师关闭车门。动车组司机确认出站（进路）信号机显示或占用区间行车凭证正确，车门已关闭，即可起动列车，车站无须通知司机发车或显示发车信号（发车指示信号）。

不论采取何种方式开车，发车必须确认的条件包括：进路妥当、信号开放、作业完毕、时间到点。

1.7.7 开通区间及报点

列车到达、发出或通过后，车站值班员应立即向邻站及列车调度员报点，并记入《行车日志》（设有计算机报点系统的按有关规定办理），以便列车调度员能随时掌握管辖区段内列车运行情况。填写《行车日志》时，旅客列车应按规定使用红色笔填写。

遇有超长、超限列车，单机挂车，列尾装置灯光熄灭等与接车作业有关的特殊情况，也必须通知接车站，以便做好接车准备。此外，列车到达或通过后，还应立即向发车站报点，及时办理区间开通手续。

列车到、发及通过时刻的确定：

（1）到达时刻：以列车进入车站、停于指定到达线警冲标内方时刻为准。列车超过实际到达线有效长时，以第一次停车时刻为准。列车在区间分部运行时，则以全部车辆到达车站时为准。

（2）出发时刻：以列车机车向前进方向起动，列车在站界内（场界内）不再停车为准。列车全部发出站界后，因故退回发车站再次出发时，则以第一次出发时刻为准。在分界站向邻局出发时，则以最后发出时刻为准。

（3）通过时刻：以列车机车通过车站值班员室时为准。

1.7.8 车机联控

车机联控利用列车无线调度通信设备，将列车调度员、车站值班员、司机均列入联控范围，围绕着列车运行的安全正点，每个人既是参加作业人员，又是安全工作的检查员。每个车站、每趟列车及每个岗位，都进入联控范围，实现了司机"问路行车"、车站值班员"指路行车"，从而强化了行车工作的整体安全性。目前，车机联控制度已经在全路普遍采用。实践证明，车机联控制度是一项适合我国铁路情况的行车组织手段，它将行车组织工作与行车安

全工作有机结合起来,是保证列车运行安全的有效措施。

车机联控的具体内容在任务 1.8 进行介绍。

1.7.9 进路的变更

由于作业的需要或临时发生故障,为保证安全,可能对已经准备好的接发列车进路加以变更。如接车时,可能关闭进站信号机,改变接车股道或将其关在机外;发车时,可能关闭已开放的出站信号机停止发车,再准备其他进路。上述情况由于司机没有精神准备,对突然变化的信号采取紧急制动,容易造成机车车辆或货物的损坏,产生严重后果;或由于司机间断瞭望,将停止发出(或接入)的列车发出(或接入),与改变计划的列车发生冲突,后果更不堪设想。因此,进站或出站信号机开放后其接发列车进路不应随意变更。遇特殊情况必须变更时,应做到以下几点:

1. 变更接车进路提前办理

变更接车进路应满足《站细》内规定提前开放信号机的时间,保证列车在进站信号机外不停车、不减速。不满足《站细》内规定提前开放信号机的时间,但出现了危及行车安全的情况时,可立即关闭进站信号,但不得立即解锁进路。设有接近锁闭的车站,当列车进入接近锁闭区段后,更不得立即强行解锁进路,以防列车制动不住而发生危险。

2. 变更发车进路提前通知

变更发车进路时,应先通知发车人员;如发车人员已通知司机发车或显示发车信号(发车指示信号),而列车尚未起动时,还应通知司机,收回行车凭证后,方可关闭出站信号机取消发车进路,严禁先取消进路后通知发车人员。

由于动车组无须车站通知司机发车或显示发车信号(发车指示信号),因此,只要出站信号机开放或占用区间行车凭证已交付,如需取消发车进路,车站值班员应确认列车尚未起动,通知司机并收回行车凭证后,方可办理。

3. 变更特快列车进路需要批准

原规定为通过的旅客列车由正线变更为到发线接车及特快旅客列车遇特殊情况必须变更基本进路时,须经列车调度员准许,并预告司机;如来不及预告时,应使列车在站外停车后,开放信号机再接入站内。

原规定在车站通过的列车包括:列车运行图规定为通过的列车;有关列车运行时刻的书面文件、电报规定为在车站通过的列车;临时加开列车时,调度命令指定为通过的列车。凡没有指定时刻的列车,一律按停车列车办理。

原规定为通过的旅客列车由正线变更为到发线接车及特快旅客列车遇特殊情况必须变更进路时,分为两种情况:一种是变更到发线通过,另一种是变更到发线接车。由于旅客列车运行速度高,在站内正线上的运行速度也不低,而列车进入到发线受侧向通过道岔速度的限制,若列车超速进入到发线,可能造成脱轨颠覆事故。有的车站虽有预告信号机,但只能预告进站信号机的开放状态,不能预告道岔开通的位置。

在集中联锁的车站,正常情况下按两个按钮(始端终端)即可准备好接发列车进路,此时称为"基本进路"。但在较大的车站，同一股道接发车进路会存在变通进路，特别是正线接发列车时存在"迂回"式进路。特快旅客列车运行速度高，随意变更基本进路会严重影响列车安全。应当注意，当列车在进站过程中走了一个迂回式进路，最后又回到正线的情况，对非特快旅客列车也应按上述规定办理。

对于规定在车站正线停车的旅客列车，由正线变更为到发线接车时，由于司机已有在站停车的准备，可以控制列车进站速度，故不必采取上述措施。

1.7.10 列车在站内临时停车的处理

所谓临时停车，是指计划之外的停车。列车在站内临时停车，待停车原因消除且继续运行时，应按下列规定办理。

（1）司机主动停车时，自行起动列车。
（2）其他列车乘务人员使用紧急制动阀停车时，由车辆乘务员通知司机开车。
（3）车站接发列车人员使列车在站内临时停车时，由车站按规定发车。
（4）其他原因的临时停车，车站值班员应会同司机、车辆乘务员等查明停车原因，在列车具备运行条件后，由车站按规定发车。

上述第（1）、（2）、（4）项，司机应向车站值班员报告停车原因。

任务 1.8 车机联控

车机联控是指车务、机务等行车有关人员使用列车无线调度通信设备，按规定联络，提示行车安全信息，确认行车要求的互控方式。

1.8.1 车机联控的设备要求

车机联控使用的设备包括：纳入列车无线调度通信系统的调度所列车调度通信设备、车站列车调度通信设备、无线通信车载设备（机车、动车组、自轮运转特种设备）、无线对讲设备、GSM-R 手持终端、语音记录装置等。投入使用的设备应保持状态良好。

上线运行的机车、动车组、自轮运转特种设备等应装设列车无线调度通信（车载）设备，机车司机、车辆乘务员及参与车机联控的有关人员应配备列车无线调度通信（便携）设备。

1.8.2 车机联控作业人员及要求

车机联控的参与人一般包括机车乘务员、车站值班员、行车调度员等。

参与车机联控的人员应经过培训，能够正确使用列车无线调度通信设备，掌握车机联控的作业标准，严格按照标准作业。

执行车机联控时，应使用普通话，做到用语准确、吐字清晰。

1.8.3 车机联控的信息

车机联控信息分为重要信息和一般信息。重要信息的传递、处理、反馈不超过 24 h；一般信息的传递、处理、反馈不超过 72 h。

1. 重要信息

（1）包括线路不良、列车严重晃车；塌方落石或线路上有障碍物；接触网设备异常等严重危及行车安全的情况。

（2）机车车辆燃轴或配件脱落等。

（3）列车火灾或货物装载不良、坠落。

（4）列车无线调度通信设备、列控车载及地面设备、机车信号、列车运行监控装置、语音记录装置、列车尾部安全防护装置故障，地面进（出）站、进路、通过、预告、调车等信号机及其表示器故障。

（5）铁路运输企业根据实际情况补充规定的信息。

2. 一般信息

（1）作业人员未按标准用语呼唤应答。

（2）作业人员错呼错答。

（3）作业人员联控呼叫三次以上应答。

（4）铁路运输企业根据实际情况补充规定的信息。

1.8.4 车站值班员车机联控要求

车站值班员在工作中应执行如下联控规定：

1. 列车接近

自动闭塞区段，列车临近"一接近"通过信号机或规定的呼叫点；半自动闭塞区段（双线反方向行车时），列车在规定的呼叫点，列车司机应呼叫车站。

2. 停车后开放信号

列车机外、站内停车再开或列车始发时，车站值班员或助理值班员应在信号开放后呼叫列车司机。

3. 主动呼叫

遇有下列几种情况之一时，车站值班员应主动呼叫列车司机：

（1）列车临时机外停车作业。用语为：××（次）××（站）机外停车。

（2）通过列车变为停车作业。用语为：××（次）××（站）×道停车。

（3）旅客列车变更固定接车线路作业。用语为：客车××（次）××（站）变更×道通过（停车），限速××公里。

（4）列车直进侧出通过作业。用语为：××（次）××（站）×道通过，直进侧出，限速××公里。

（5）车站引导接车时。用语为：××（次）××（站）引导接车，×道停车（通过），注意引导（手）信号。

（6）列车反方向行车作业。用语为：××（次）××（站）×道通过，反方向运行，侧向出站，限速××公里。

（7）站内或区间限速作业。用语为：××（次）××（站）×道通过（停车），站内限速××公里（区间××公里××米限速××公里）。

列车司机：复诵上述用语后加"司机明白"。

4. 注意事项

（1）车机联控必须"站站列列呼唤应答"，联控作业程序应规范，用语要准确、清晰并使用普通话。

（2）联控用语中，特快旅客列车称为客车特××次；快速旅客列车称为客车快××次；普通旅客列车称为客车××次；临时旅客列车称为客车临××次；旅游列车称为客车游××次；行包快运专列称为行××次；动车组称为动××次；动车组检查列车称为动检××次。

（3）在一端有两个及以上运行方向的车站（有上，下行之分的除外），应在联控用语中增加："去××方向"。

1.8.5　车机联控作业标准

1. 接　车

（1）正常接车（见表1.32）

表1.32

呼叫时机	联控用语		
^	作业人	列车司机	车站值班员
自动闭塞区段，列车接近第一接近通过信号机或规定的呼叫点；半自动闭塞区段（自动站间闭塞、双线反方向行车时），列车在规定的呼叫点	呼叫人	××（站）××（次）接近	
^	被呼叫人		××（次）××（站）×道**通过**[停车]
^	复诵人	××（次）×道**通过**[停车]，司机明白	
1. 有两个及以上运行方向的车站，列车通过时应在联控用语后增加"去××方向"。 2. 能够实现列车进路预告时不联控。 3. 自动闭塞区段非多方向车站，列车正线通过时不联控			

注：（　）内的字可省略，[　]内的字与黑体字根据实际情况选择，下同。

（2）通过列车变为停车（见表1.33）

表1.33

呼叫时机	联控用语		
	作业人	车站值班员	列车司机
列车接近前	呼叫人	××（次）××（站）×道停车	
	被呼叫人		××（次）×道停车，司机明白

（3）原规定为通过的旅客列车由正线变更为到发线接车（见表1.34）

表1.34

呼叫时机	联控用语		
	作业人	车站值班员	列车司机
列车接近前	呼叫人	××（次）××（站）变更×道**通过**[停车]，限速××公里	
	被呼叫人		××（次）××（站）变更×道**通过**[停车]，限速××公里，司机明白
有两个及以上运行方向的车站，列车通过时应在联控用语后增加"去××方向"			

（4）列车直进侧出（固定径路除外）（见表1.35）

表1.35

呼叫时机	联控用语		
	作业人	车站值班员	列车司机
列车接近前	呼叫人	××（次）××（站）×道通过，直进侧出，限速××公里	
	被呼叫人		××（次）×道通过，直进侧出，限速××公里，司机明白
1. 有两个及以上运行方向的车站，应在联控用语后增加"去××方向"。 2. 固定径路系指LKJ数据中"线路线编号为二线（多线）交会车站通过列车径路表"公布的径路			

（5）列车通过，出站反方向行车（见表1.36）

表1.36

呼叫时机	联控用语		
	作业人	车站值班员	列车司机
列车接近前	呼叫人	××（次）××（站）×道通过，反方向运行，侧向出站，限速××公里	
	被呼叫人		××（次）×道通过，反方向运行，侧向出站，限速××公里，司机明白
1. 直向出站时不联控限速。 2. 有两个及以上运行方向的车站，应在联控用语后增加"去××方向"			

（6）列车临时机外停车（见表1.37）。

表1.37

呼叫时机	联控用语		
	作业人	车站值班员	列车司机
列车接近前	呼叫人	××（次）××（站）机外停车	
	被呼叫人		××（次）××（站）机外停车，司机明白

（7）呼叫机外停车后接车（见表1.38）。

表1.38

呼叫时机	联控用语		
	作业人	车站值班员	列车司机
已呼叫司机机外停车，信号开放后	呼叫人	××（次）**进站**［接车进路］信号好（了），×道**通过**[停车]	
	被呼叫人		××（次）**进站**［接车进路］信号好（了），×道**通过**[停车]，司机明白
有两个及以上运行方向的车站，列车通过时应在联控用语后增加"去××方向"			

（8）车站引导接车（见表1.39）。

表1.39

呼叫时机	联控用语		
	作业人	车站值班员	列车司机
列车接近前	呼叫人	××（次）××（站）引导接车，×道**停车**[通过]，注意引导信号	
	被呼叫人		××（次）××（站）引导接车，×道**停车**[通过]，司机明白
1. 有两个及以上运行方向的车站，列车通过时应在联控用语后增加"去××方向"。 2. 若用手信号引导列车进站，"注意引导信号"应为"注意引导手信号"			

（9）列车经过限速地段

① 已纳入运行揭示的临时限速见表1.40。

表 1.40

呼叫时机	联控用语		
	作业人	车站值班员	列车司机
列车接近前	呼叫人	××（次）××（站）×道通过[停车]，站内限速××公里[区间××公里××米限速××公里]	
	被呼叫人		××（次）××（站）×道通过[停车]，站内限速××公里[区间××公里××米限速××公里]，司机明白

1. "区间××公里××米"是指列车运行方向限速起始点。
2. 站内、区间均有限速（不含站内跨区间），联控用语为"站内限速××公里，区间××公里××米限速××公里"。如站内同时有多处不同速度值限速地段时，按低值联控。
3. 遇有站内跨区间连续限速时，按照运行揭示调度命令注明的起止里程联控："××公里××米至××公里××米限速××公里"。站内跨区间包括区间跨站内、区间跨站内再跨区间、站内跨区间再跨站内

② 未纳入运行揭示的临时限速见表 1.41。

表 1.41

呼叫时机	联控用语		
	作业人	车站值班员	列车司机
列车进入限速地点前的关系站在列车通过（开车）前	呼叫人	××（次），××（站）核对××号命令，××公里××米至××公里××米限速××公里	
	被呼叫人		××号命令，××公里××米至××公里××米限速××公里，××（次）司机明白
列车进入限速地点前的关系站在列车通过（开车）前，须与司机核对限速内容时，按本表规定用语核对			

③ 使用列车无线调度通信设备传达"改按天气恶劣难以辨认信号的办法行车"的调度命令见表 1.42。

表 1.42

呼叫时机	联控用语		
	作业人	车站值班员	列车司机
列车接近前	呼叫人	××（次），调度命令××号，××（站）至××（站）改按天气恶劣难以辨认信号办法行车	
	被呼叫人		调度命令××号，××（站）至××（站）改按天气恶劣难以辨认信号办法行车，××（次）司机明白，司机（姓名）×××

2. 发车

（1）发车进路一次排通时发车（见表 1.43）

表 1.43

呼叫时机	联控用语		
	作业人	车站值班员	列车司机
出站信号开放后，或发车进路及出站信号均开放后	呼叫人	××（次）×道**出站**[发车进路]信号好（了）	
	被呼叫人		××（次）×道**出站**[发车进路]信号好（了），司机明白
有两个及以上运行方向的车站，应在联控用语后增加"去××方向"			

（2）分段排列发车进路时发车（见表 1.44）

表 1.44

呼叫时机	联控用语		
	作业人	车站值班员	列车司机
发车进路信号开放后，前方进路或出站信号关闭	呼叫人	××（次）×道发车进路信号好（了），前方**出站**[×进路]信号机关闭	
	被呼叫人		××（次）×道发车进路信号好（了），前方**出站**[×进路]信号机关闭，司机明白
有两个及以上运行方向的车站，应在"××（次）×道发车进路信号好（了）"联控用语后增加"去××方向"			

（3）分段排列发车进路时，发车后后续进路办理（见表 1.45）

表 1.45

呼叫时机	联控用语		
	作业人	车站值班员	列车司机
当前出站信号开放后	呼叫人	××（次）出站信号好（了）	
	被呼叫人		××（次）出站信号好（了），司机明白
当前进路信号开放、前方出站（进路）信号关闭	呼叫人	××（次）×进路信号好（了），前方**出站**[×进路]信号机关闭	
	被呼叫人		××（次）×进路信号好（了），前方**出站**[×进路]信号机关闭，司机明白
当前进路信号及后续进路、出站信号均开放后	呼叫人	××（次）×进路信号好（了），前方出站信号机已开放	
	被呼叫人		××（次）×进路信号好（了），前方出站信号机已开放，司机明白
有两个及以上运行方向的车站，应在"××（次）出站信号好（了）"或"××（次）×进路信号好（了）"联控用语后增加"去××方向"			

3. 被迫停车

（1）列车脱轨可能妨碍邻线，列车司机呼叫邻线列车（见表1.46）

表1.46

呼叫时机	联控用语		
	作业人	列车司机	邻线列车司机
列车脱轨可能妨碍邻线	呼叫人	××（次）在××公里（处）侵限，上、下行列车，立即停车	
	被呼叫人		××（次）在××公里（处）侵限，立即停车。上[下]行××（次）司机明白
在多线区间或枢纽地区，应在联控用语中增加"××站至××站间"			

（2）被迫停车或列车脱轨可能妨碍邻线，本务司机呼叫车站（见表1.47）

表1.47

呼叫时机	联控用语		
	作业人	列车司机	车站值班员
列车在区间被迫停车或被迫停车后可能妨碍邻线。	呼叫人	××（站）××（次）在××公里（处）被迫停车	
	被呼叫人		××（次）在××公里（处）被迫停车，××（站）明白
1. 在××公里后应说明被迫停车原因。 2. 被迫停车后可能妨碍邻线时应在被迫停车后增加"可能侵入邻线"			

（3）列车被迫停车，列车司机呼叫追踪列车（见表1.48）

表1.48

呼叫时机	联控用语		
	作业人	列车司机	追踪列车司机
列车在区间被迫停车	呼叫人	××（次）在××公里（处）被迫停车，追踪列车注意运行	
	被呼叫人		××（次）在××公里（处）被迫停车，××次追踪列车明白

（4）列车被迫停车，车站立即呼叫追踪列车（见表1.49）

表1.49

呼叫时机	联控用语		
	作业人	车站值班员	追踪列车司机
车站接到列车在区间被迫停车的通知	呼叫人	××（次）在××公里（处）被迫停车，××（次）列车注意运行	
	被呼叫人		××（次）在××公里（处）被迫停车，注意运行，××（次）司机明白

（5）列车脱轨可能妨碍邻线，车站立即呼叫邻线列车（见表1.50）

表1.50

呼叫时机	联控用语		
	作业人	车站值班员	邻线列车司机
车站接到列车脱轨可能妨碍邻线的通知	呼叫人	××（次）列车立即停车，××（次）在××公里（处）侵限	
	被呼叫人		××（次）立即停车，司机明白

4. 线路出行异常

（1）线路发生险情（见表1.51）

表1.51

呼叫时机	联控用语		
	作业人	巡守人员	列车司机
线路发生险情	呼叫人	××线××公里（处）线路发生险情，上[下]行线接近列车立即停车	
	被呼叫人		××（次）立即停车，司机明白

1. 如知道车次时呼叫××（次）。
2. 若上下行都发生险情，上[下]应为"上、下"

（2）列车通过严重晃车地段，司机呼叫两端车站（见表1.52）

表1.52

呼叫时机	联控用语		
	作业人	列车司机	车站值班员
列车通过严重晃车地段	呼叫人	××（站），××（次）××公里××米严重晃车	
	被呼叫人		××公里××米严重晃车，××（站）明白

思考题：

1. 《技规》对接发列车工作有何基本要求？
2. 列车进路有哪几种？它们的起止点是怎样规定的？学习进路的起止点对安全生产有什么意义？
3. 办理接车作业时，哪些列车必须接入固定线路？
4. 什么是"原规定为通过的列车"？原规定为通过的旅客列车由正线变更为到发线接车及特快旅客列车遇特殊情况必须变更基本进路时，如何办理？

5. 接发动车组时，对接发列车的线路和进路有何特别要求？
6. 正线、到发线停留车辆有哪些要求？到发线停留车辆应经谁批准？应有哪些安全措施？
7. 在接发车工作中，车站值班员应亲自办理哪些事项？在什么情况下，哪些事项可分别指派他人办理？
8. 布置接发车进路应注意哪些事项？
9. 接发列车进路的变更要注意哪些问题？
10. 试述信号机的开闭时机。
11. 哪些调车作业是影响接发车进路的调车作业？
12. 为什么要接送列车？接送列车应注意哪些事项？发现列尾装置丢失和旅客列车尾部标志灯熄灭时时怎样处理？
13. 具备什么条件方可通知司机发车或显示发车信号(发车指示信号)？发车信号如何显示？
14. 何种情况下车站可直接发车？何种情况下车站可以使用列车无线调度通信设备发车？动车组是否需要车站发车？
15. 什么是"车机联控"？哪些情况下车站值班员应主动呼叫司机？如何呼叫？

项目 2
接发列车作业程序

任务 2.1 单双线半自动闭塞集中联锁接发列车

半自动闭塞是以站间区间或所间区间作为列车运行间隔,由人工按规定操作闭塞设备来保证一个区间只有一列列车占用。

2.1.1 半自动闭塞的特点

1. 使用特点

开放出站信号机或通过信号机前,双线区段必须得到前次列车到达前方站的到达信号;单线区段必须办理规定的闭塞手续,得到接车站的同意闭塞信号。当出发的列车压上出站方面的轨道电路区段时,出站或通过信号机就会自动关闭,闭塞机同时被锁闭;列车全部到达接车站,压上进站方面的轨道电路,并办理复原手续后,闭塞机才能解锁,从而保证了一个区间在同一时间内只有一列列车运行。

2. 设置特点

集中联锁的车站用进站信号机内方(或出站方面)的无岔区段,作为半自动闭塞的轨道电路。通过这段轨道电路,将出站信号机与闭塞机及列车进路之间加以联锁。列车压上轨道电路,车站闭塞机上的有关接、发车表示灯起变化,以此监督列车的出发或到达。

半自动闭塞区间不设轨道电路,接车表示灯与发车表示灯仅表示列车的到达与出发,区间的空闲情况设备上不能完全反映。因此,发车站请求闭塞和接车站承认闭塞前都必须确认区间空闲,接车时接车人员还需确认列车整列到达。

2.1.2 列车占用区间的行车凭证

(1)正常情况下使用半自动闭塞法行车时,列车凭出站信号机或线路所通过信号机显示的进行信号进入区间。

(2)遇超长列车头部越过出站信号机而未压上出站方面的轨道电路发车时,行车凭证为出站信号机显示的进行信号,并发给司机调度命令。

超长列车头部越过出站信号机而未压上出站方面轨道电路时,在办理闭塞手续(或收到前次列车到达信号)后,仍能开放出站信号机。但司机无法确认出站信号机的显示状态。为严肃起见,要发给司机准许列车头部越过出站信号机发车的调度命令。

(3)发车进路信号机故障时的行车办法,由铁路局规定。

2.1.3 单线半自动闭塞办理手续

1. 办理闭塞

办理闭塞的简要程序见表2.1。

表2.1 单线半自动闭塞简要程序

发车站	接车站
1. 车站值班员用闭塞电话向接车站请求闭塞	
	2. 车站值班员同意闭塞
3. 按一下闭塞按钮,发车表示灯亮黄灯,电铃鸣响	
	4. 接车表示灯亮黄灯,电铃鸣响
	5. 按一下闭塞按钮,接车表示灯变为亮绿灯
6. 发车表示灯变为亮绿灯,电铃鸣响。车站值班员在发车进路准备妥当后开放出站信号机	
7. 列车出发进入发车轨道电路区段,出站信号机自动关闭,发车表示灯变为亮红灯	
	8. 接车表示灯亮红灯,电铃鸣响。在进路准备妥当后,开放进站信号机
	9. 列车进入接车轨道电路区段,接车表示灯和发车表示灯均亮红灯
	10. 确认列车整列到达后,关闭进站信号机,按一下闭塞按钮(或按一下复原按钮),接车表示灯和发车表示灯均熄灭
11. 发车表示灯红灯熄灭,电铃鸣响	
	12. 通知邻站列车到达时刻

注:计算机联锁设备用鼠标点击相应的按钮。

2. 取消闭塞

发车站已办理闭塞手续后,列车不能出发时,应将事由通知接车站,取消闭塞。具体操作方法如下:

(1)发车站已请求发车,发车表示灯及接车站接车表示灯亮黄灯,如一方需取消闭塞时,经两站车站值班员联系同意后,由发车站拉出闭塞按钮(或按下复原按钮,计算机联锁设备用鼠标或光笔点击复原按钮,以下同),两站表示灯均熄灭,闭塞机复原。

（2）接车站已按下闭塞按钮，表示灯亮绿灯但发车站未开放出站信号机时，亦由发车站拉出闭塞按钮（或按下复原按钮），闭塞表示灯熄灭，闭塞机复原。

（3）开放出站信号机后需要取消闭塞时，经两站联系，电气集中联锁车站确认列车没有出发后，发车站关闭出站信号机，拉出闭塞按钮（或按下复原按钮），双方闭塞表示灯熄灭，闭塞机复原。

3. 人工（事故）复原

下列情况须使用故障按钮，办理人工复原：

（1）列车到达后，因接车站轨道电路故障不能办理到达复原时。

（2）闭塞设备停电后恢复供电时。

（3）列车因故退回原发车站时。

办理人工复原前，必须确认区间空闲，得到列车调度员命令准许，并在《行车设备检查登记簿》内登记。办理完毕后应及时通知电务人员对故障按钮进行加封。

2.1.4 半自动闭塞（设信号员）接发列车作业程序图

1. 接车（通过）作业程序图（见图 2.1）

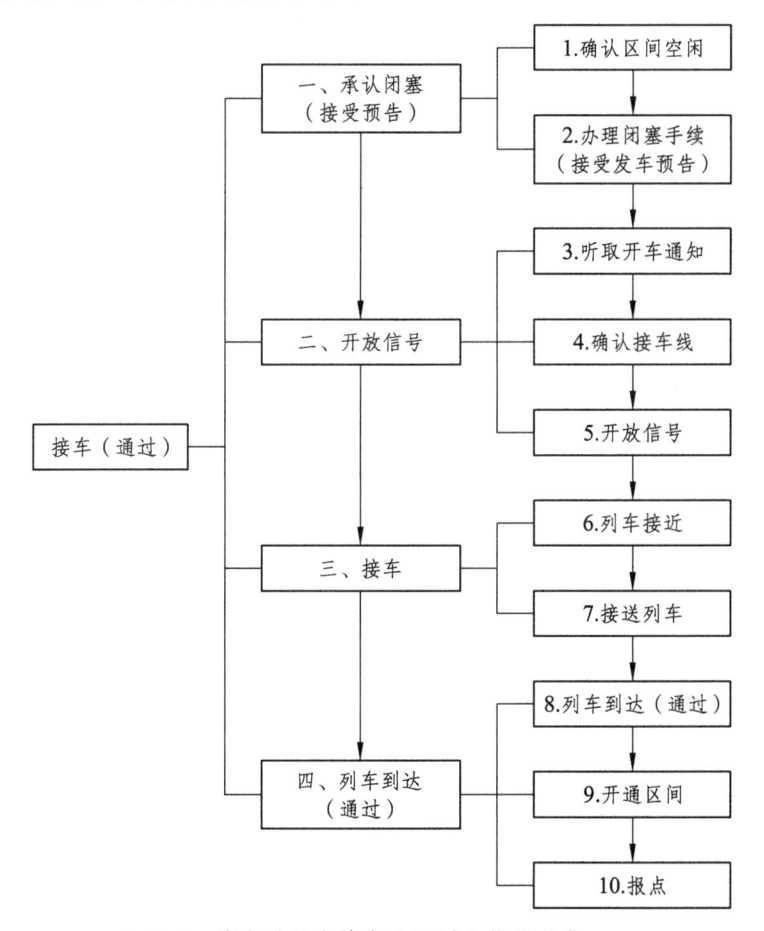

图 2.1 半自动闭塞接车（通过）作业程序

2. 发车作业程序图（见图 2.2）

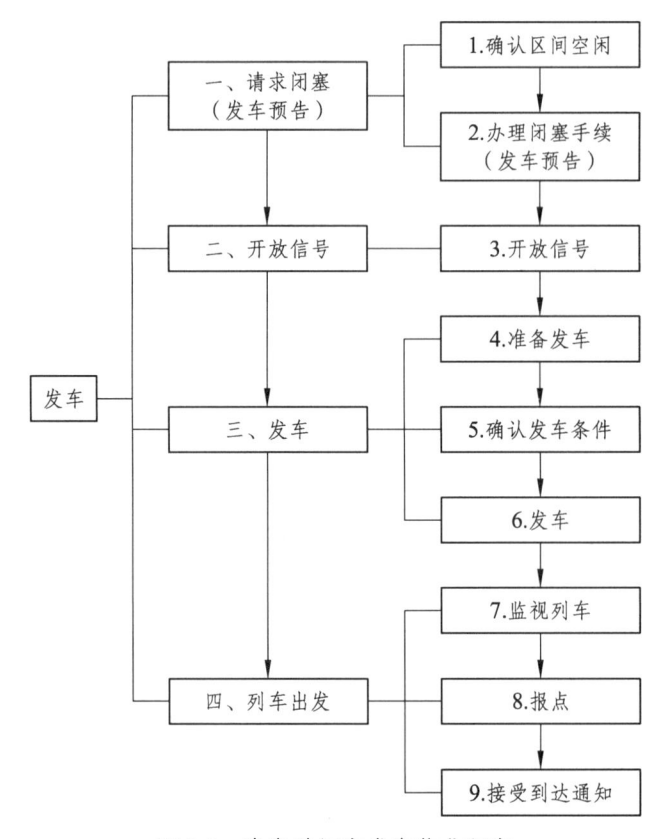

图 2.2 半自动闭塞发车作业程序

发车作业流程：
- 一、请求闭塞（发车预告）
  - 1. 确认区间空闲
  - 2. 办理闭塞手续（发车预告）
- 二、开放信号
  - 3. 开放信号
- 三、发车
  - 4. 准备发车
  - 5. 确认发车条件
  - 6. 发车
- 四、列车出发
  - 7. 监视列车
  - 8. 报点
  - 9. 接受到达通知

2.1.5 半自动闭塞接发列车作业程序

1. 接车（通过）作业（见表 2.2）

表 2.2

作业程序		岗位作业技术要求			说明事项
程序	项目	车站值班员	信号员	助理值班员	
一、承认闭塞（接受预告）	1. 确认区间空闲	（1）听取发车站请求闭塞（双线为发车站预告），按列车运行计划核对车次、时刻、命令、指示（必要时与列车调度员联系）			
		（2）根据闭塞表示灯、"行车日志"及各种行车表示牌，确认区间空闲			

续表

作业程序		岗位作业技术要求			说明事项
程序	项目	车站值班员	信号员	助理值班员	
一、承认闭塞（接受预告）	2.办理闭塞手续（接受发车预告）	（3）同意闭塞："同意×（次）闭塞"[双线同意预告："同意×（次）预告"]			同意列车闭塞（预告）后，按《站细》规定通知有关人员
		（4）通知信号员："办理×（次）闭塞"[双线："×（次）预告"]，并听取复诵	（1）复诵："办理×（次）闭塞"[双线："×（次）预告"]		
		（5）确认无误后，应答："×（次）闭塞好（了）"	（2）一听语音（铃响）、二看黄灯、三点击（按）闭塞按钮、四确认绿色灯光（箭头），口呼："×（次）闭塞好（了）"		双线无此项作业
		（6）填记或确认电子《行车日志》			不能使用电子《行车日志》时，填写纸质《行车日志》
		（7）确定接车线			
		（8）通知信号员、助理值班员："×（次）、×道停车[通过][到开]"，并听取复诵	（3）复诵："×（次）、×道停车[通过][到开]"，并填写占线板（簿）	（1）复诵："×（次）、×道停车[通过][到开]"，并填写占线板（簿）	助理值班员在室外作业期间接到的通知，返回后，除按规定应擦（划）掉的外，须补填占线板（簿）。必要时与车站值班员联系
二、开放信号	3.听取开车通知	（9）复诵发车站开车通知："×（次）、（×点）×（分）开[通过]"			
		（10）填记或确认电子《行车日志》中的发车站发车时间和本站接车线			不能使用电子《行车日志》时，填写纸质《行车日志》
		（11）通知信号员及助理值班员"×（次）开过来（了）"，并听取复诵	（4）复诵："×（次）开过来（了）"	（2）复诵："×（次）开过来（了）"	
		（12）按《站细》规定通知有关人员			

续表

作业程序		岗位作业技术要求			说明事项
程序	项目	车站值班员	信号员	助理值班员	
二、开放信号	4.确认接车线	（13）确认接车线路空闲			停止调车作业时机和通知、应答、报告用语，按《站细》规定。无影响进路的调车作业时，此项作业省略
		（14）通知信号员停止影响进路的调车作业并听取报告	（5）停止影响进路的调车作业。确认停止后报告		
	5.开放信号	（15）确认列车运行计划后，通知信号员："×（次）、×道停车[通过]，开放信号"。听取复诵无误后，命令："执行"	（6）复诵："×（次）、×道停车[通过]，开放信号"		列车通过时，应办理有关发车作业程序。车站值班员认为需指定延续进路或需办理变通进路时，一并通知 "变通××"中的"××"为按钮名称。 "延续××"中的"××"为延续的按钮或线路名称
		（16）确认信号正确，应答："×道进站信号好（了）"[通过时，应答："×道进、出站信号好（了）"]	（7）开放进站信号，口呼："进站"，点击（按下）始端按钮；需办理变通进路时，口呼："变通××"，点击（按下）相应变通按钮；口呼"×道"（正线通过时，口呼："出站"），点击（按下）终端按钮；设有延续进路时，口呼："延续××"，点击（按下）延续进路相应按钮。确认光带（表示灯）、信号显示正确，口呼："信号好（了）"		
三、接车	6.列车接近		（8）通过信号操作终端监视信号及进路表示		
		（17）再次确认信号正确，应答："×（次）接近"	（9）接近语音提示（接近铃响）、光带（表示灯）变红，再次确认信号开放正确，口呼："×（次）接近"		
		（18）通知助理值班员："×（次）接近，×道接车"，并听取复诵		（3）复诵："×（次）接近，×道接车"	特快旅客列车、特快货物班列的通知接车时机，按《站细》规定
	7.接送列车			（4）到《站细》规定地点接车	

续表

作业程序		岗位作业技术要求			说明事项
程序	项目	车站值班员	信号员	助理值班员	
四、列车到达（通过）	8.列车到达（通过）		（10）通过信号操作终端监视进路、信号及列车进（出）站	（5）监视列车进站，于列车停妥后(旅客列车以外的其他列车未装列尾装置或列尾装置故障时，确认列车整列到达后)返回。通过列车，于列车尾部越过接车地点，确认列车尾部标志后返回	
		（19）应答"好（了）"	（11）通过信号操作终端确认列车整列进入（通过）接车线，口呼："×（次）到达[通过]"		
		（20）对通过列车通知接车站："×（次）、（×点）×（分）通过"，并听取复诵			
		（21）填记或确认电子《行车日志》	（12）对通过列车擦（划）掉占线板（簿）记载	（6）对通过列车擦（划）掉占线板（簿）记载	不能使用电子《行车日志》时，填写纸质《行车日志》
	9.开通区间	（22）通知信号员："开通×（站）区间"，并听取复诵	（13）复诵："开通×（站）区间"		
		（23）确认无误后，应答："好（了）"	（14）一看闭塞表示灯、二点击或按（拉）闭塞（复原）按钮、三确认灯光熄灭，口呼："×（站）区间开通"		
	10报点	（24）通知发车站："×（次）、（×点）×（分）到"，并听取复诵			
		（25）计算机报点系统自动向列车调度员报点			不能自动报点时，向列车调度员报点："×（站）报点，×（次）、（×点）×（分）到[通过]"

2. 半自动闭塞发车作业（见表2.3）

表2.3

作业程序		岗位作业技术要求			说明事项
程序	项目	车站值班员	信号员	助理值班员	
一、请求闭塞（发车预告）	1. 确认区间空闲	（1）确认列车运行计划；根据闭塞表示灯、《行车日志》及各种行车表示牌，确认区间空闲			
	2. 办理闭塞手续（发车预告）	（2）请求闭塞："×（次）闭塞"[双线："×（次）预告"]，并听取同意的通知			
		（3）通知信号员："办理×（次）闭塞"，并听取复诵	（1）复诵："办理×（次）闭塞"		双线无此项作业
		（4）确认无误后，应答："×（次）闭塞好（了）"	（2）一点击（按）闭塞按钮、二听语音（铃响）、三看黄灯变绿（箭头），口呼："×（次）闭塞好（了）"		
		（5）填记或确认电子《行车日志》			不能使用电子《行车日志》时，填写纸质《行车日志》
二、开放信号	3. 开放信号	（6）通知信号员停止影响进路的调车作业并听取报告	（3）停止影响进路的调车作业。确认停止后报告		停止调车作业时机和通知、应答、报告用语，按《站细》规定。无影响进路的调车作业时，此项作业省略
		（7）确认列车运行计划后，通知信号员："×（次）、×道发车，开放信号"。听取复诵无误后，命令："执行"	（4）复诵："×（次）、×道发车，开放信号"		车站值班员认为需办理变通进路时，一并通知
		（8）确认信号正确，应答："×道出站信号好（了）"	（5）开放出站信号，口呼："×道"，点击（按下）始端按钮；需办理变通进路时，口呼："变通××"，点击（按下）相应变通按钮；口呼："出站"，点击（按下）终端按钮。确认光带（表示灯）、信号显示正确，口呼："信号好（了）"		"变通××"中的"××"为按钮名称

续表

作业程序		岗位作业技术要求			说明事项
程序	项目	车站值班员	信号员	助理值班员	
三、发车	4. 准备发车	（9）通知助理值班员："发×道×（次）"，并听取复诵		（1）复诵："发×道×（次）"	助理值班员在室外作业时，可提前告知发车计划。使用列车无线调度通信设备通知时，应在用语前增加姓名或代号
	5. 确认发车条件		（6）通过信号操作终端监视信号及进路表示	（2）确认旅客上下、行包装卸和列检作业等完了（或得到报告）	
	6. 发车			（3）按规定站在适当地点，显示发车信号或使用列车无线调度通信设备（发车表示器）发车	由车站值班员使用列车无线调度通信设备发车时，须确认发车条件具备（或得到报告）
四、列车出发	7. 监视列车	（10）列车起动，通知接车站："×（次）、（×点）×（分）开"，并听取复诵			
		（11）填记或确认电子《行车日志》			不能使用电子《行车日志》时，填写纸质《行车日志》
		（12）应答："好（了）"	（7）通过信号操作终端确认列车整列出站，口呼："×（次）出站"	（4）监视列车，于列车尾部越过发车地点，确认列车尾部标志后返回	
			（8）擦（划）掉占线板（簿）记载	（5）擦（划）掉占线板（簿）记载	
	8. 报点	（13）计算机报点系统自动向列车调度员报点			不能自动报点时，向列车调度员报点："×（站）报点，×（次）、（×点）×（分）开"
	9. 接受到达通知	（14）复诵接车站列车到达通知	（9）确认闭塞表示灯熄灭		
		（15）填记或确认电子《行车日志》			不能使用电子《行车日志》时，填写纸质《行车日志》

任务 2.2　双线自动闭塞集中联锁接发列车

自动闭塞是由运行的列车自动完成闭塞作用的一种行车闭塞方法。在自动闭塞区段，将一个站间区间划分为若干个闭塞分区，由装在每个闭塞分区始端的通过信号机进行防护（第一闭塞分区由出站信号机防护）。由于闭塞分区都设有轨道电路，从而能反映出列车占用或线路发生故障情况。通过色灯信号机在列车占用或出清闭塞分区时，能自动地变换显示，以指示追踪列车的运行条件。

2.2.1　自动闭塞设备的使用特点

（1）三显示自动闭塞区段的车站控制台上有邻近区间的两个闭塞分区占用情况表示，即第一、第二接近及第一、第二离去。当列车进入第一接近或第二接近区段时，电铃发出短时间音响信号，接近表示灯亮灯，以提醒车站值班员注意，准备接车。出站信号机的开放受第一离去及第二离去分区占用的限制。

在四显示自动闭塞区段的车站控制台上设有三个接近和三个离去区段。

（2）双线自动闭塞区段的车站发车时，车站值班员无须办理闭塞手续，发车前，检查确认进路道岔位置正确，影响进路的调车作业已经停止后方可开放出站信号机，交付行车凭证，发车。为便于接车站做好接车准备，应向接车站通报列车车次、出发时刻及有关注意事项。

（3）单线自动闭塞区段上的发车方向一经确定，发车站得到列车调度员准许后，按下发车按钮，发车站就可以连续发出列车。为保证列车运行秩序或不影响某些重要列车的运行，车站值班员在转换发车方向之前，除确认站间区间空闲外，还须得到列车调度员的同意，方可办理转换手续。

（4）自动闭塞的优点包括：

① 由于将站间区间划分为若干闭塞分区，可以增加行车密度和提高运行速度，组织列车追踪运行，目前四显示自动闭塞的追踪间隔已经可以压缩到 5~8 min，可以极大地提高区间通过能力。

② 由于不需要办理闭塞，简化了办理接发和通过列车的手续，有利于接发列车效率的提升，提高了车站的通过能力，也减轻了车站值班员的劳动强度。

③ 通过信号机的显示直接反映区间列车位置及线路状态，保证了区间行车安全。同时与调度监督系统结合，可以有效地帮助列车调度员监控区间运行情况，组织列车运行调整。

④ 自动闭塞还能为列车运行超速防护提供连续的速度信息，构成更高层次的列车运行控制系统，保证高速行车的安全。

2.2.2　列车进入闭塞分区的行车凭证

1. 正常情况下的行车凭证

使用自动闭塞法行车时，列车进入闭塞分区的行车凭证为出站或通过信号机的黄色灯光、绿黄色灯光或绿色灯光。遇站间未设通过信号机时，发出列车的行车凭证由铁路局规定。

自动闭塞区段的车站，办理发车前应向接车站预告；单线自动闭塞区段的车站，还须得到列车调度员的同意。已向接车站预告，但列车不能出发时，发车站须通知接车站取消预告。

单线自动闭塞区段的车站，在办理闭塞手续前须得到列车调度员的同意。

2. 特殊情况下的行车凭证

自动闭塞区段，在出站信号机故障、发车进路轨道电路故障的情况下可以填发绿色许可证，列车凭绿色许可证开出车站。

需要注意的是填发绿色许可证时需要确认区间空闲（一、二离去空闲），如果不能从监督器确认，还需填发慢行通知书。

3. 绿色许可证的使用

绿色许可证是按自动闭塞法行车时特有的书面凭证，按其他闭塞方法行车时，是不可能使用绿色许可证的。实际上，绿色许可证是按自动闭塞法行车时，在出站信号机不能正常显示的情况下，发给司机允许列车进入第一闭塞分区的许可，起到了替代出站信号机显示规定的进行信号的作用。

由于绿色许可证只是列车进入第一闭塞分区的许可，因此，列车进入区间后仍必须按照区间的通过信号机的显示要求去运行，凭证也无须带交给接车站。

2.2.3 自动闭塞接发列车程序图

1. 接车（通过）作业程序图（见图 2.3）

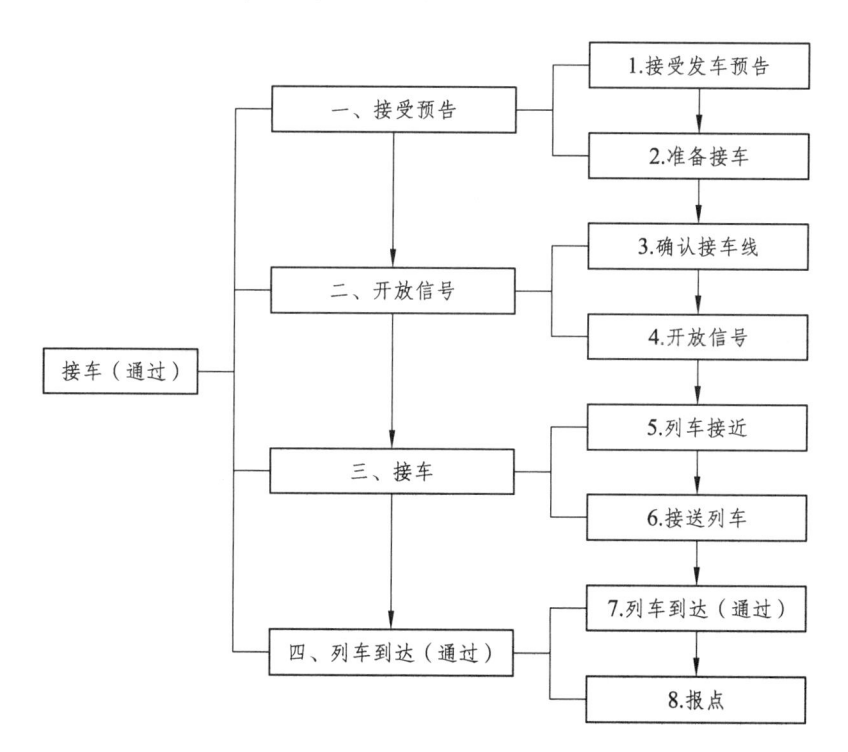

图 2.3 自动闭塞接车（通过）作业程序

2. 发车作业程序图（见图 2.4）

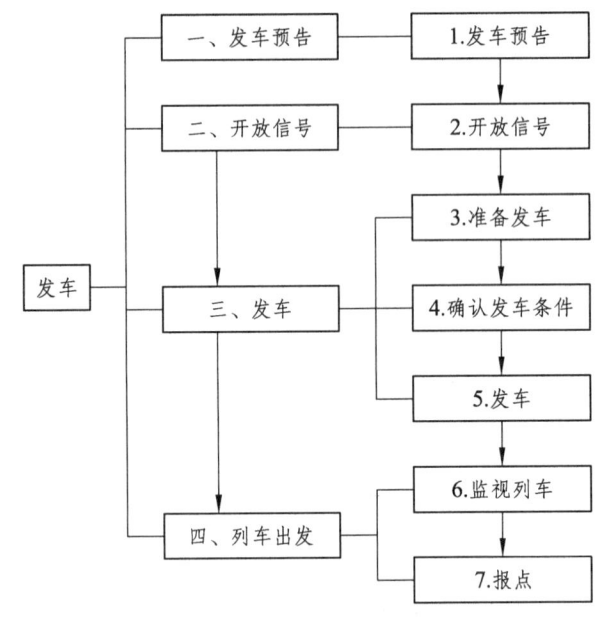

图 2.4　自动闭塞发车作业程序

2.2.4　自动闭塞（设信号员）接发列车作业程序

1. 接车（通过）作业（见表 2.4）

表 2.4

作业程序		岗位作业技术要求			说明事项
程序	项目	车站值班员	信号员	助理值班员	
一、接受预告	1. 接受发车预告	（1）听取发车站预告，按列车运行计划核对车次、时刻、命令、指示（必要时与列车调度员联系），同意发车站预告："同意×（次）预告"			同意列车预告后，按《站细》规定通知有关人员
		（2）填记或确认电子《行车日志》			不能使用电子《行车日志》时，填写纸质《行车日志》
	2. 准备接车	（3）确定接车线			
		（4）通知信号员："×（次）预告"，并听取复诵	（1）复诵："×（次）预告"		

续表

作业程序		岗位作业技术要求			说明事项
程序	项目	车站值班员	信号员	助理值班员	
二、开放信号	3. 确认接车线	（5）复诵发车站开车通知："×（次）、（×点）×（分）开[通过]"			
		（6）填记或确认电子《行车日志》中的发车站发车时间和本站接车线			不能使用电子《行车日志》时，填写纸质《行车日志》
		（7）通知信号员、助理值班员："×（次）开过来（了），×道停车[通过][到开]"，并听取复诵	（2）复诵："×（次）开过来（了），×道停车[通过][到开]"，并填写占线板（簿）	（1）复诵："×（次）开过来（了），×道停车[通过][到开]"，并填写占线板（簿）	助理值班员在室外作业期间接到的通知，返回后，除按规定应擦（划）掉的外，须补填占线板（簿）。必要时与车站值班员联系
		（8）按《站细》规定通知有关人员			
		（9）确认接车线路空闲			
		（10）通知信号员停止影响进路的调车作业并听取报告	（3）停止影响进路的调车作业。确认停止后报告		停止调车作业时机和通知、应答、报告用语，按《站细》规定。无影响进路的调车作业时，此项作业省略
	4. 开放信号	（11）确认列车运行计划后，通知信号员："×（次）、×道停车[通过]，开放信号"。听取复诵无误后，命令："执行"	（4）复诵："×（次)、×道停车[通过]，开放信号"		列车通过时，应办理有关发车作业程序。车站值班员认为需指定延续进路或需办理变通进路时，一并通知

续表

作业程序		岗位作业技术要求			说明事项
程序	项目	车站值班员	信号员	助理值班员	
二、开放信号	4.开放信号	（12）确认信号正确，应答："×道进站信号好（了）"[通过时，应答："×道进、出站信号好（了）"]	（5）开放进站信号，口呼："进站"，点击（按下）始端按钮；需办理变通进路时，口呼："变通××"，点击（按下）相应变通按钮；口呼："×道"（正线通过时，口呼："出站"），点击（按下）终端按钮；设有延续进路时，口呼："延续××"，点击（按下）相应延续进路按钮。确认光带、信号显示正确，口呼："信号好（了）"		"变通××"中的"××"为按钮名称。"延续××"中的"××"为延续的按钮或线路名称
三、接车	5.列车接近		（6）通过信号操作终端监视信号及进路表示		
		（13）再次确认信号正确，应答："×（次）接近"	（7）第二（三）接近语音提示（接近铃响）、光带变红，再次确认信号开放正确，口呼："×（次）接近"		
		（14）通知助理值班员："×（次）接近，×道接车"，并听取复诵		（2）复诵："×（次）接近，×道接车"	特快旅客列车、特快货物班列的通知接车时机，按《站细》规定
	6.接送列车			（3）到《站细》规定地点接车	
四、列车到达（通过）	7.列车到达（通过）		（8）通过信号操作终端监视进路、信号及列车进（出）站	（4）监视列车进站，于列车停妥后返回。通过列车，于列车尾部越过接车地点，确认列车尾部标志后返回	
		（15）应答："好（了）"	（9）通过信号操作终端确认列车整列进入（通过）接车线，口呼："×（次）到达[通过]"		

续表

作业程序		岗位作业技术要求			说明事项
程序	项目	车站值班员	信号员	助理值班员	
四、列车到达（通过）	7.列车到达（通过）	（16）对通过列车通知接车站："×（次）、（×点）×（分）通过"，并听取复诵			
		（17）填记或确认电子《行车日志》	（10）对通过列车擦（划）掉占线板（簿）记载	（5）对通过列车擦（划）掉占线板（簿）记载	不能使用电子《行车日志》时，填写纸质《行车日志》
	8.报点	（18）计算机报点系统自动向列车调度员报点			不能自动报点时，向列车调度员报点："×（站）报点，×（次）、（×点）×（分）到[通过]"

2. 发车作业（见表2.5）

表2.5

作业程序		岗位作业技术要求			说明事项
程序	项目	车站值班员	信号员	助理值班员	
一、发车预告	1.发车预告	（1）根据列车运行计划，向接车站发出："×（次）预告"，并听取同意的通知			
		（2）填记或确认电子《行车日志》			不能使用电子《行车日志》时，填写纸质《行车日志》
二、开放信号	2.开放信号	（3）通知信号员停止影响进路的调车作业并听取报告	（1）停止影响进路的调车作业。确认停止后报告		停止调车作业时机和通知、应答、报告用语，按《站细》规定。无影响进路的调车作业时，此项作业省略

续表

作业程序		岗位作业技术要求			说明事项
程序	项目	车站值班员	信号员	助理值班员	
二、开放信号	2.开放信号	（4）确认列车运行计划后，通知信号员："×（次）、×道发车，开放信号"。听取复诵无误后，命令："执行"	（2）复诵："×（次）、×道发车，开放信号"		车站值班员认为需办理变通进路时，一并通知
		（5）确认信号正确，应答："×道出站信号好（了）"	（3）开放出站信号，口呼："×道"，点击（按下）始端按钮；需办理变通进路时，口呼："变通××"，点击（按下）相应变通按钮；口呼："出站"，点击（按下）终端按钮。确认光带、信号显示正确，口呼："信号好（了）"		"变通××"中的"××"为按钮名称
三、发车	3.准备发车	（6）通知助理值班员："发×道×（次）"，并听取复诵		（1）复诵："发×道×（次）"	助理值班员在室外作业时，可提前告知发车计划。使用列车无线调度通信设备通知时，应在用语前增加姓名或代号
	4.确认发车条件		（4）通过信号操作终端监视信号及进路表示		
				（2）确认旅客上下、行包装卸和列检作业等完了（或得到报告）	
	5.发车			（3）按规定站在适当地点，显示发车信号或使用列车无线调度通信设备（发车表示器）发车	由车站值班员使用列车无线调度通信设备发车时，须确认发车条件具备（或得到报告）

续表

作业程序		岗位作业技术要求			说明事项
程序	项目	车站值班员	信号员	助理值班员	
四、列车出发	6.监视列车	（7）列车起动，通知接车站："×（次）、（×点）×（分）开"，并听取复诵			
		（8）填记或确认电子《行车日志》			不能使用电子《行车日志》时，填写纸质《行车日志》
		（9）应答："好(了)"	（5）通过信号操作终端确认列车整列出站，口呼："×（次）出站"	（4）监视列车，于列车尾部越过发车地点，确认列车尾部标志后返回	
			（6）擦（划）掉占线板（簿）记载	（5）擦（划）掉占线板（簿）记载	
	7.报点	（10）计算机报点系统自动向列车调度员报点			不能自动报点时，向列车调度员报点："×（站）报点，×（次）、（×点）×（分）开"

任务 2.3 单线自动站间闭塞集中联锁接发列车

2.3.1 自动站间闭塞设备的使用特点

自动站间闭塞设备是以站间区间或所间区间作为列车运行间隔。为保证站间区间或所间区间只有一列车占用，区间采用轨道检查装置自动检查空闲。自动站间闭塞与集中联锁设备结合使用，发车站办理发车进路后即自动构成站间闭塞。列车到达接车站或返回发车站并出清区间后，自动解除闭塞。

发车站在办理发车进路前，须确认区间空闲、接车站未办理同一区间的发车进路，并向接车站预告。发车站已向接车站预告，但列车不能出发时，在取消发车进路后，须通知接车站。

使用自动站间闭塞法行车时，列车凭出站信号机显示的进行信号进入区间。

由于半自动闭塞设备区间未设轨道电路，列车在区间发生丢车不能及时发现，影响行车安全，故开发出区间空闲检查设备，与半自动闭塞嵌套，并与车站联锁设备结合，当列车发出时自动构成闭塞，列车到达区间空闲后自动复原，提高列车运行的效率和安全保障。区间检查设备包括长轨道电路和计轴器两种。

（1）长轨道电路

采用传输距离长、抗干扰能力强的 25 Hz 轨道电路；上、下行接近区段的轨道电路和中间的长轨道电路构成三点检查，只有列车到达车站后并全部出清区间，完成列车进路的三点检查后，半自动闭塞才能复原。

（2）计轴器

在区间两端设置计轴点，对驶入区间和驶出区间的列车轴数进行记录，并经过传输线路将各自的轴数送到对方站进行校核。当两端记录的轴数一致时，就认为列车完整到达，区间空闲，可以使闭塞机复原。

2.3.2 双向运行设备的使用

我国大多数双线区段的正方向为自动闭塞，反方向为自动站间闭塞。由于线路封锁施工、发生行车事故或自然灾害侵袭、列车调整运行和其他特殊情况，需使用反方向自动站间闭塞或恢复正方向运行。以下是一般操作，具体可见铁路局《行规》规定。

1. 改变运行方向的正常办理

由正方向改为反方向行车时，应由列车调度员发布准许反方向运行的命令，并应得到接车站的同意，具体办理程序如下：

（1）抄收列车调度员发布的准许反方向运行的调度命令，该命令应按规定交付司机。

（2）确认区间空闲（即区间占用表示灯处于灭灯状态），并取得接车站的同意。

（3）破封按下改变运行方向的"允许改方"按钮（有的车站无此设备，可直接排列反方向发车进路，开放出站信号机）。

（4）排列发车进路，开放准许反方向发车的出站信号机。此时，相应的接车方向表示灯黄灯熄灭，相应的发车方向表示灯亮绿灯，同时区间占用表示灯亮红灯，出站信号机表示灯亮绿灯。

（5）确认反方向出站信号开放后，拉出"允许改方"按钮。此时，本咽喉处于不能改方状态。如连续发出反方向列车，待前行的反方向运行列车到达前方站，办理预告手续后，可直接排列发车进路开放反方向发车的出站信号机。

（6）反方向接车站开放反方向进站信号机接入列车。

反方向运行列车到达前方站后，需恢复正方向行车时，只需原正方向发车站按下"允许改方"按钮后（无此设备的车站，可直接排列正方向发车进路），直接操纵进路始、终端按钮开放出站信号机，确认出站信号机开放后，拉出"允许改方"按钮，无须邻站配合操作，但应与邻站加强联系。

使用"允许改方"按钮，应在《行车设备检查登记簿》内登记；使用完毕后，通知信号工区，对"允许改方"按钮重新加封。

2. 改变运行方向的辅助办理

当区间轨道电路故障或办理改变方向过程中方向电路故障（两站出现"双接"）的情况下，使用改方按钮不能正常办理改变闭塞方向，需使用总辅助按钮办理改变闭塞方向。

使用总辅助按钮办理改变闭塞方向前，必须查明区间空闲。由于反向设备是以站间区间作为列车运行间隔，所以反向辅助办理时还须认真确认故障电路原因，无其他危及列车运行安全的情况。然后，由发车站向列车调度员提出使用总辅助按钮办理改变闭塞方向的请求。列车调度员根据车站的请求，向该区间两端站的车站值班员同时发布准许使用总辅助按钮办理改变闭塞方向的命令。两端站的车站值班员接到调度命令后使用总辅助按钮办理改变闭塞方向。

使用总辅助按钮，应在《行车设备检查登记簿》内登记；使用完毕后，通知信号工区，对总辅助按钮重新加封。

2.3.3 自动站间闭塞接发列车程序图

1. 接车（通过）作业程序图（见图2.5）

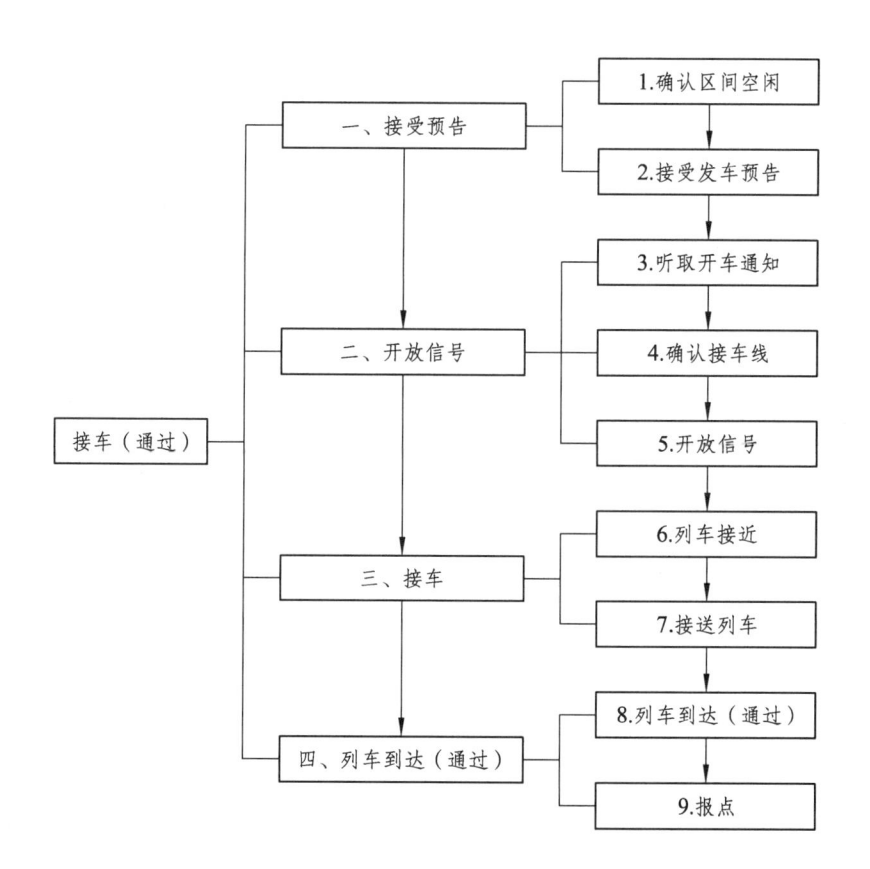

图 2.5 自动站间闭塞接车（通过）作业程序

2. 发车作业程序图（见图2.6）

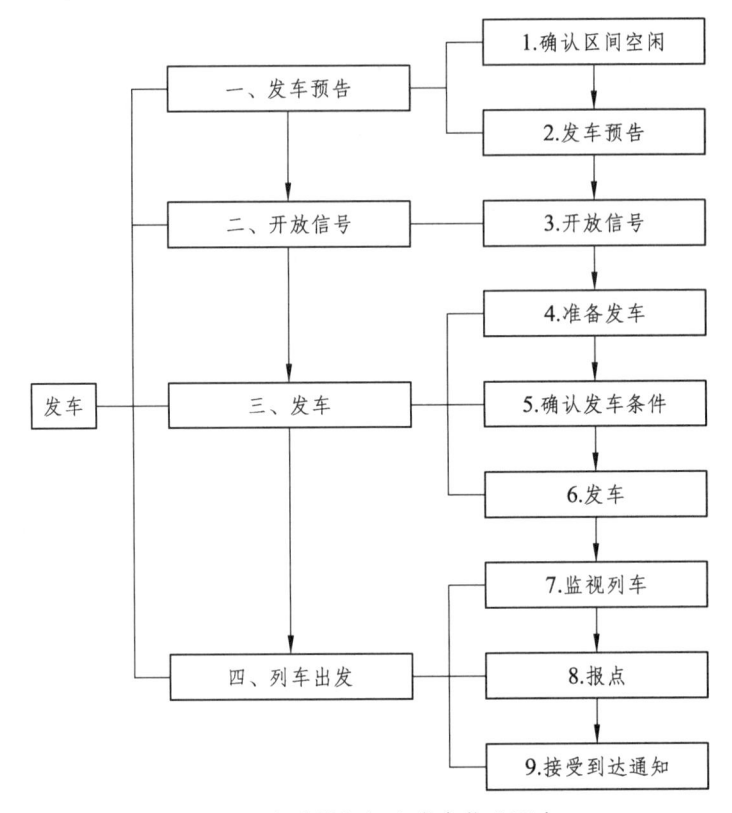

图 2.6　自动站间闭塞发车作业程序

2.3.4　自动站间闭塞接发列车作业程序

1. 接车（通过）作业（见表2.6）

表 2.6

作业程序		岗位作业技术要求			说明事项
程序	项目	车站值班员	信号员	助理值班员	
一、接受预告	1.确认区间空闲	（1）听取发车站预告，按列车运行计划核对车次、时刻、命令、指示（必要时与列车调度员联系）			
		（2）根据表示灯、《行车日志》及各种行车表示牌，确认区间空闲			使用计轴设备的，并应通过计轴设备确认区间空闲
	2.接受发车预告	（3）同意发车站预告："同意×（次）预告"			同意列车预告后，按《站细》规定通知有关人员
		（4）填记或确认电子《行车日志》			不能使用电子《行车日志》时，填写纸质《行车日志》

续表

作业程序		岗位作业技术要求			说明事项
程序	项目	车站值班员	信号员	助理值班员	
一、接受预告	2.接受发车预告	（5）确定接车线			助理值班员在室外作业期间接到的通知，返回后，除按规定应擦（划）掉的外，须补填占线板（簿）必要时与车站值班员联系
		（6）通知信号员、助理值班员："×（次）预告、×道停车[通过][到开]"，并听取复诵	（1）复诵："×（次）预告、×道停车[通过][到开]"，并填写占线板（簿）	（1）复诵："×（次）预告、×道停车[通过][到开]"，并填写占线板（簿）	
二、开放信号	3.听取开车通知	（7）复诵发车站开车通知："×（次）、（×点）×（分）开[通过]"			
		（8）填记或确认电子《行车日志》中的发车站发车时间和本站接车线			不能使用电子《行车日志》时，填写纸质《行车日志》
		（9）通知信号员及助理值班员："×（次）开过来（了）"，并听取复诵	（2）复诵："×（次）开过来（了）"	（2）复诵："×（次）开过来（了）"	
		（10）按《站细》规定通知有关人员			
	4.确认接车线	（11）确认接车线路空闲			停止调车作业时机和通知、应答、报告用语，按《站细》规定无影响进路的调车作业时，此项作业省略
		（12）通知信号员停止影响进路的调车作业并听取报告	（3）停止影响进路的调车作业确认停止后报告		
	5.开放信号	（13）确认列车运行计划后，通知信号员："×（次）、×道停车[通过]，开放信号"听取复诵无误后，命令："执行"	（4）复诵："×（次）、×道停车[通过]，开放信号"		列车通过时，应办理有关发车作业程序 车站值班员认为需指定延续进路或需办理变通进路时，一并通知

续表

作业程序		岗位作业技术要求			说明事项
程序	项目	车站值班员	信号员	助理值班员	
二、开放信号	5.开放信号	（14）确认信号正确，应答："×道进站信号好（了）"[通过时，应答："×道进、出站信号好（了）"]	（5）开放进站信号，口呼："进站"，点击（按下）始端按钮；需办理变通进路时，口呼："变通××"，点击（按下）相应变通按钮；口呼"×道"（通过时，口呼："出站"），点击（按下）终端按钮；设有延续进路时，口呼："延续××"，点击（按下）延续进路相应按钮确认光带、信号显示正确，口呼："信号好（了）"		"变通××"中的"××"为按钮名称"延续××"中的"××"为延续的按钮或线路名称
三、接车	6.列车接近	（15）再次确认信号正确，应答："×（次）接近"	（6）通过信号操作终端监视信号及进路表示 （7）接近语音提示（接近铃响）、光带变红，再次确认信号开放正确，口呼："×（次）接近"		
		（16）通知助理值班员："×（次）接近，×道接车"，并听取复诵		（3）复诵："×（次）接近，×道接车"	特快旅客列车、特快货物班列的通知接车时机，按《站细》规定
	7.接送列车			（4）到《站细》规定地点接车	
四、列车到达（通过）	8.列车到达（通过）		（8）通过信号操作终端监视进路、信号及列车进（出）站	（5）监视列车进站，于列车停妥后返回通过列车，于列车尾部越过接车地点，确认列车尾部标志后返回	
		（17）应答："好（了）"	（9）通过信号操作终端确认列车整列进入（通过）接车线、区间空闲口呼："×（次）到达[通过]，×（站）区间空闲"		使用计轴设备的，并应通过计轴设备确认区间空闲

续表

作业程序		岗位作业技术要求			说明事项
程序	项目	车站值班员	信号员	助理值班员	
四、列车到达（通过）	8.列车到达（通过）	（18）对通过列车通知接车站："×（次）、（×点）×（分）通过"，并听取复诵			
		（19）填记或确认电子《行车日志》	（10）对通过列车擦（划）掉占线板（簿）记载	（6）对通过列车擦（划）掉占线板（簿）记载	不能使用电子《行车日志》时，填写纸质《行车日志》
	9.报点	（20）通知发车站："×（次）、（×点）×（分）到"，并听取复诵			
		（21）计算机报点系统自动向列车调度员报点			不能自动报点时，向列车调度员报点："×（站）报点，×（次）、（×点）×（分）到[通过]"

2. 发车作业（见表2.7）

表2.7

作业程序		岗位作业技术要求			说明事项
程序	项目	车站值班员	信号员	助理值班员	
一、发车预告	1.确认区间空闲	（1）确认列车运行计划；根据表示灯、《行车日志》及各种行车表示牌，确认区间空闲			使用计轴设备的，并应通过计轴设备确认区间空闲
	2.发车预告	（2）向接车站发出："×（次）预告"，并听取同意的通知			
		（3）填记或确认电子《行车日志》			不能使用电子《行车日志》时，填写纸质《行车日志》
二、开放信号	3.开放信号	（4）通知信号员停止影响进路的调车作业并听取报告	（1）停止影响进路的调车作业确认停止后报告		停止调车作业时机和通知、应答、报告用语，按《站细》规定无影响进路的调车作业时，此项作业省略

续表

作业程序		岗位作业技术要求			说明事项
程序	项目	车站值班员	信号员	助理值班员	
二、开放信号	3.开放信号	（5）确认列车运行计划后,通知信号员:"×(次)、×道发车,开放信号"听取复诵无误后,命令:"执行"	（2）复诵:"×(次)、×道发车,开放信号"		车站值班员认为需办理变通进路时,一并通知
		（6）确认信号正确,应答:"×道出站信号好（了）"	（3）开放出站信号,口呼:"×道",点击（按下）始端按钮；需办理变通进路时,口呼:"变通××",点击（按下）相应变通按钮；口呼:"出站",点击（按下）终端按钮确认光带、信号显示正确,口呼:"信号好（了）"		"变通××"中的"××"为按钮名称
三、发车	4.准备发车	（7）通知助理值班员:"发×道×（次）",并听取复诵		（1）复诵:"发×道×（次）"	助理值班员在室外作业时,可提前告知发车计划 使用列车无线调度通信设备通知时,应在用语前增加姓名或代号
	5.确认发车条件		（4）通过信号操作终端监视信号及进路表示	（2）确认旅客上下、行包装卸和列检作业等完了（或得到报告）	
	6.发车			（3）按规定站在适当地点,显示发车信号或使用列车无线调度通信设备（发车表示器）发车	由车站值班员使用列车无线调度通信设备发车时,须确认发车条件具备（或得到报告）

续表

作业程序		岗位作业技术要求			说明事项
程序	项目	车站值班员	信号员	助理值班员	
四、列车出发	7.监视列车	（8）列车起动，通知接车站："×（次）、（×点）×（分）开"，并听取复诵			
		（9）填记或确认电子《行车日志》			不能使用电子《行车日志》时，填写纸质《行车日志》
		（10）应答："好（了）"	（5）通过信号操作终端确认列车整列出站，口呼："×（次）出站"	（4）监视列车，于列车尾部越过发车地点，确认列车尾部标志后返回	
			（6）擦（划）掉占线板（簿）记载	（6）擦（划）掉占线板（簿）记载	
	8.报点	（11）计算机报点系统自动向列车调度员报点			不能自动报点时，向列车调度员报点："×（站）报点，×（次）、（×点）×（分）开"
	9.接受到达通知	（12）复诵接车站列车到达通知	（7）确认区间空闲		使用计轴设备的，并应通过计轴设备确认区间空闲
		（13）填记或确认电子《行车日志》			不能使用电子《行车日志》时，填写纸质《行车日志》

任务 2.4　调度集中接发列车

我国高速铁路和部分普速铁路已经推广使用分散自律调度集中（CTC）系统。分散自律概念指在车站设立了自律计算机，通过接收控制中心下达的运行计划，在和控制中心通信中断后自行接发列车。

为了解决行车和调车相互干扰的问题，系统必须实现在不影响列车运行的原则下，允许控制中心和车站通过调度集中系统自主进行调车的功能。这对于调度集中系统来讲是一种功能的分散，不同于传统意义上的调度集中系统的集中控制，而出现了分布式控制的功能。因

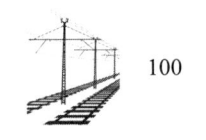

此，如果通过在车站设立自律机来完成按列车运行计划和《站细》进行正常接发列车作业并完成协调列车和调车冲突的功能，将完全可以实现列车和调车作业的统一控制。

2.4.1 分散自律调度集中系统的功能

分散自律调度集中系统涵盖了 DMIS 的所有功能，在此基础上还具备调度集中的控制功能和分散自律控制的特点。

1. 行车调度功能

在 DMIS 的基础上，分散自律调度集中系统还具备列车进路和调车进路的自动/人工排路，从而实现了行车指挥自动化。

2. 控制模式

分散自律调度集中系统具有两种控制模式：分散自律控制模式和非常站控模式。

分散自律控制的基本模式是用列车运行调整计划自动控制列车运行进路，同时在分散自律条件下，调度指挥中心具备人工办理列车、调车进路功能，车站具备人工办理调车进路的功能。分散自律控制模式从进路控制的方式出发，定义了两种进路控制方式：计划控制方式和人工按钮控制方式。

当分散自律调度集中系统故障或发生其他紧急情况时，车站操作员可以按下车站终端机上的非常站控按钮，切断分散自律调度集中系统控制输出继电器的电源，直接通过控制台按钮进行控制，此种方式为非常站控模式。

3. 列车计划和列车进路控制功能

分散自律调度集中系统的进路控制功能包括列车进路的控制和调车进路的控制。列车进路的控制分为自动按图排路和人工排路。

当系统处于自控状态时，即自动按图排路状态，自律机能按阶段计划自动排列列车进路。当计划中的接车股道安排不当时，自律机能够给出报警，由人工修改；当接车进路存在变更进路时，自律机选基本进路；当接车进路有延续进路时，自律机自动选排延续进路，人工可修改计划中的股道安排。

4. 调车计划和调车进路控制功能

调车计划的制订和调车进路的控制纳入调度集中系统，是新一代分散自律调度集中系统的特点之一。调度指挥中心的助理调度员负责编制无人车站的调车作业计划。系统监测调车进路的办理与列车计划的冲突，一旦监测有冲突，弹出对话框报警，并询问是否继续办理。

5. CTC 显示及控制功能

对于双线自动闭塞无人车站，在通信中断且未转为非常站控模式前，车站自律机按原已收到的列车运行调整计划和列车实际运行情况继续自动执行；列车运行调整计划执行完毕后，通信仍未恢复正常时，系统将该站设置为自动通过状态。

6. 综合维修管理

系统在中央设置综合维护工作站，主要用于设备日常维护、天窗修、施工以及故障处理方面的登、销记手续办理，并具有设置临时限速和区间、股道封锁等功能。

7. 系统维护监视

具备可视化的维护环境，可对系统进行全面监视，全面记录管理系统报警和内部时间以及操作员和维护人员的任何操作。

2.4.2 高速铁路接发列车作业程序图

1. 接车（通过）作业程序图（见图2.7）

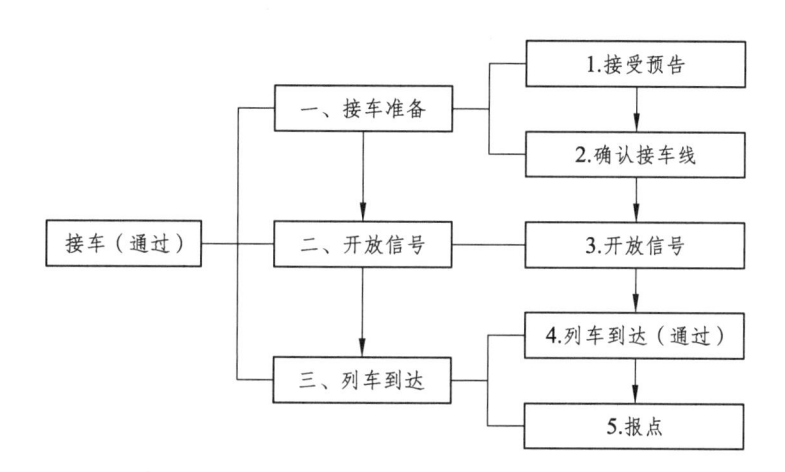

图2.7 高速铁路接车（通过）作业程序

2. 发车作业程序图（见图2.8）

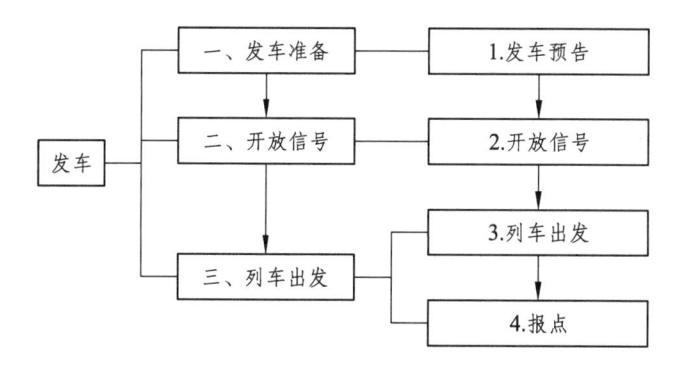

图2.8 高速铁路发车作业程序

2.4.3 高速铁路接发列车作业程序

1. 接车（通过）作业（见表2.8）

表2.8

作业程序		岗位作业标准	说明事项
程序	项目	车站值班员	
一、接车准备	1.接受预告	（1）按列车运行计划核对车次、时刻、命令、指示（必要时与列车调度员联系），确认列车运行计划顺序	发车站人工办理预告时，按列车运行计划核对车次、时刻、命令、指示（必要时与列车调度员联系），同意发车站预告："同意××（次）预告"
		（2）填记或确认电子《行车日志》	不能使用电子《行车日志》时，填写纸质《行车日志》 非人工办理预告时，此项作业省略
	2.确认接车线	（3）确定接车线，核对进路序列中车次、方向、股道等信息正确	
		（4）停止影响进路的调车作业	停止调车作业时机，由车站规定无影响进路的调车作业时，此项作业省略
二、开放信号	3.开放信号	（5）设置自触时，选中进路序列中相应车次，点击"自触"，设置完毕后，口呼"自触设置好" 人工触发进路时，选中进路序列中相应车次，确认弹出的提示框内容并口呼："×（次）、×道**停车**[通过]"，设置人工触发；确认光带、信号显示正确，口呼："信号好（了）" 人工排列进路时，口呼："进站"，点击始端按钮；需办理变通进路时，口呼："变通××"，点击相应变通按钮；口呼："×道"（正线通过时，口呼："出站"），点击终端按钮；设有延续进路时，口呼："延续××"，点击相应延续进路按钮确认光带、信号显示正确，口呼："信号好（了）"	人工触发进路或人工排列进路时，车站值班员应确认接车线空闲 "变通××"中的"××"为按钮名称"延续××"中的"××"为延续的按钮或线路名称
三、列车到达（通过）	4.列车到达（通过）	（6）通过信号操作终端监视进路、信号及列车进（出）站	
		（7）通过信号操作终端确认列车整列进入（通过）接车线，口呼："×（次）**到达**[通过]"	
		（8）填记或确认电子《行车日志》	不能使用电子《行车日志》时，填写纸质《行车日志》
		（9）对通过列车通知接车站："×（次）、（×点）×（分）通过"，并听取复诵	非人工办理时，此项作业省略
	5.报点	（10）计算机报点系统自动向列车调度员报点	不能自动报点时，向列车调度员报点："×（站）报点，×（次）、（×点）×（分）**到**[通过]"

2. 发车作业（见表2.9）

表2.9

作业程序		岗位作业标准	说明事项
程序	项目	车站值班员	
一、发车准备	1. 发车预告	（1）按列车运行计划核对车次、时刻、命令、指示（必要时与列车调度员联系），确认列车运行计划顺序	需人工办理预告时，根据列车运行计划，向接车站发出："×（次）预告"，并听取同意的通知
		（2）填记或确认电子《行车日志》	不能使用电子《行车日志》时，填写纸质《行车日志》。非人工办理预告时，此项省略
		（3）核对进路序列中车次、方向、股道等信息正确	
二、开放信号	2. 开放信号	（4）停止影响进路的调车作业	停止调车作业时机由车站规定无影响进路的调车作业时，此项作业省略
		（5）设置自触时，选中进路序列中相应车次，点击"自触"，设置完毕后，口呼"自触设置好" 人工触发进路时，选中进路序列中相应车次，确认弹出的提示框内容并口呼："×（次）、×道发车"，设置人工触发；确认光带、信号显示正确，口呼："信号好（了）" 人工排列进路时，口呼："×道"，点击始端按钮；需办理变通进路时，口呼："变通××"，点击相应变通按钮；口呼："出站"，点击终端按钮确认光带、信号显示正确，口呼："信号好（了）"	"变通××"中的"××"为按钮名称
三、列车出发	3. 列车出发	（6）通过信号操作终端监视进路、信号及列车出站	
		（7）通过信号操作终端监视列车越过出站信号机（或第一架发车进路信号机）时，通知接车站："×（次）、（×点）×（分）开"，并听取复诵	非人工办理时，此项作业省略
		（8）通过信号操作终端确认列车整列出站	非人工办理时，此项作业省略
		（9）填记或确认电子《行车日志》	不能使用电子《行车日志》时，填写纸质《行车日志》
	4. 报点	（10）计算机报点系统自动向列车调度员报点	不能自动报点时，向列车调度员报点："×（站）报点，×（次）、（×点）×（分）开"

思考题：

1. 站间区间是如何划分的？
2. 行车闭塞法的作用是什么？我国铁路采用的行车闭塞法有哪几种？
3. 什么是行车凭证？其分为哪两类？有何作用？
4. 在自动闭塞区段，正常情况下列车进入闭塞分区的行车凭证是什么？
5. 分述三显示及四显示自动闭塞区段在特殊情况下列车进入闭塞分区的凭证。
6. 自动闭塞区段的出站信号机不能开放，或由未设出站信号机的线路上发车时，为什么不改用电话闭塞法？
7. 自动闭塞发车时，何时须以书面通知司机，以在瞭望距离内能随时停车且最大不超过 20 km/h 的速度到达次一架通过信号机前？为什么？
8. 自动站间闭塞设备在使用上有何特点？
9. 在双线双向自动闭塞区间，如何正常办理改方向发车手续？
10. 何种情况下，双线双向自动闭塞区间应通过总辅助按钮办理改方向发车手续？如何办理？
11. 半自动闭塞的特点是什么？
12. 半自动闭塞的行车凭证及发给行车凭证的依据是什么？
13. 半自动闭塞区间发出需由区间返回的列车，为什么要停用半自动闭塞改用电话闭塞？
14. 单线半自动闭塞在何种情况下需办理人工复原？如何办理？
15. 分组演练接发列车的程序。
16. 分组演练接发列车程序交换接车站和发车站。
17. 分组演练接发列车程序轮换岗位。

项目 3
非正常情况接发列车

任务 3.1 电话闭塞无联锁接发列车

3.1.1 电话闭塞的特点

电话闭塞是当基本闭塞设备故障不能使用,或闭塞设备不能满足运行列车的要求(如在未设双向闭塞设备的双线区段反方向运行,半自动闭塞区段发出由区间返回的列车等),由两车站(线路所)车站值班员利用站间行车电话,以电话记录的方式办理闭塞的方法,是代用闭塞法。

不论在单线或双线,电话闭塞均按站间区间办理。由于电话闭塞没有机械、电气设备的控制,都靠制度加以约束,出站信号机不能开放,办理闭塞手续时必须严格。出站信号机不能开放除需填写行车凭证外,接发列车进路在一般情况下也失去了联锁,除人工确认发车进路正确外,还要按规定加锁,给车站的行车工作在安全和效率方面带来巨大影响。为保证同一区间、同一线路在同一时间内不误用两种闭塞法,在停用基本闭塞改用电话闭塞或恢复基本闭塞时,均须根据列车调度员的调度命令办理。在列车调度员电话不通,得不到调度命令的情况下,应由该区间两端站的车站值班员确认区间空闲后,以电话记录办理。

确认区间空闲是改变行车闭塞法的最基本的前提,无论列车调度员,还是区间两端站车站值班员,在办理停用基本闭塞改用电话闭塞或恢复基本闭塞时,都要确认区间空闲,以避免一个区间放入两列列车。

3.1.2 采用电话闭塞的情况

1. 基本闭塞设备发生故障时

自动闭塞设备发生故障或停电,包括区间内两架及其以上通过信号机故障或灯光熄灭。在这种情况下,列车虽然可按自动闭塞通过色灯信号机关闭的特定行车办法运行,但列车在区间内一停再停和减速运行,势必严重影响运输效率和安全。因此遇有此种情况,也视为基本闭塞设备故障。

半自动闭塞故障包括:轨道电路故障,出站信号机故障或灭灯,闭塞表示灯错误显示,双方表示灯显示不一致等情况。

2. 发出挂有由区间返回的后部补机的列车或自动闭塞区间发出由区间返回的列车时

发出挂有由区间返回的后部补机的列车时，此时，由区间返回的后部补机无返回的凭证；同时基本闭塞设备无法保证后部补机由区间返回发车站前，不能向该区间发出列车。自动闭塞区间发出由区间返回的列车时；此时基本闭塞设备无法保证发车站在列车未返回到车站之前不能向该区间发出列车。

3. 无双向闭塞设备的双线区间反方向发车或改按单线行车

当双线区间正线无反向闭塞设备，反方向行车时，只能改按电话闭塞运行。当双线区间的一条线路因施工或其他原因封锁，另一条线路改按单线行车时，虽正线正方向闭塞设备能使用，但由于该线路正方向与反方向运行的列车采用不同的闭塞方法，办理上容易产生错误，从而发生事故。因此该线路应改按单线行车，上下行列车均须改用电话闭塞。采用反方向行车办法时，须有反方向行车调度命令。

4. 半自动闭塞的特殊情况

（1）发出需由区间返回的列车。发出需由区间返回的列车，只能压上发车站的轨道电路，不能压上接车站的轨道电路，列车返回车站后闭塞机不能正常复原，均须改用电话闭塞法。这一点和其他基本闭塞法有本质区别。

（2）由未设出站信号机的线路上发车。此时该列车无法取得半自动闭塞的凭证。

（3）超长列车头部越过出站信号机并压上出站方面轨道电路。此时出站信号机不能开放。

5. 自动闭塞和半自动闭塞区间的特殊情况

自动闭塞、半自动闭塞区间，在夜间或遇降雾、暴风雨雪未消除线路故障或执行特殊任务开行轻型车辆时，正常情况下，在设有轨道电路的线路或道岔上运行的轻型车辆要求装有绝缘车轴，以不影响闭塞和接发车。当轻型车辆按列车办理，在上述闭塞设备的区间运行时，由于装有绝缘车轴轨道电路不起作用，从而不能保证轻型车辆运行的安全，为此需改用电话闭塞。

3.1.3 电话记录号码

电话记录是采用电话闭塞法行车时，区间两端站办理行车闭塞事项的记录。车站在发出电话记录的同时还要编以电话记录号码，以明确办理的事项和责任。电话记录应登记在《行车日志》内，以防遗漏。

电话记录号码自每日 0 时起至 24 时止按日循环编号。常用编号方法有顺序编号或密码式编号，同一区间、同一方向一日内不得重复使用同一号码。具体由铁路局《行规》规定。

下列行车事项应发出电话记录：

（1）承认闭塞。

（2）列车到达，补机返回。

（3）取消闭塞。

（4）单线或双线反方向越出站界调车。

3.1.4 电话闭塞接发列车作业程序图

1. 接车（通过）作业程序图（见图3.1）

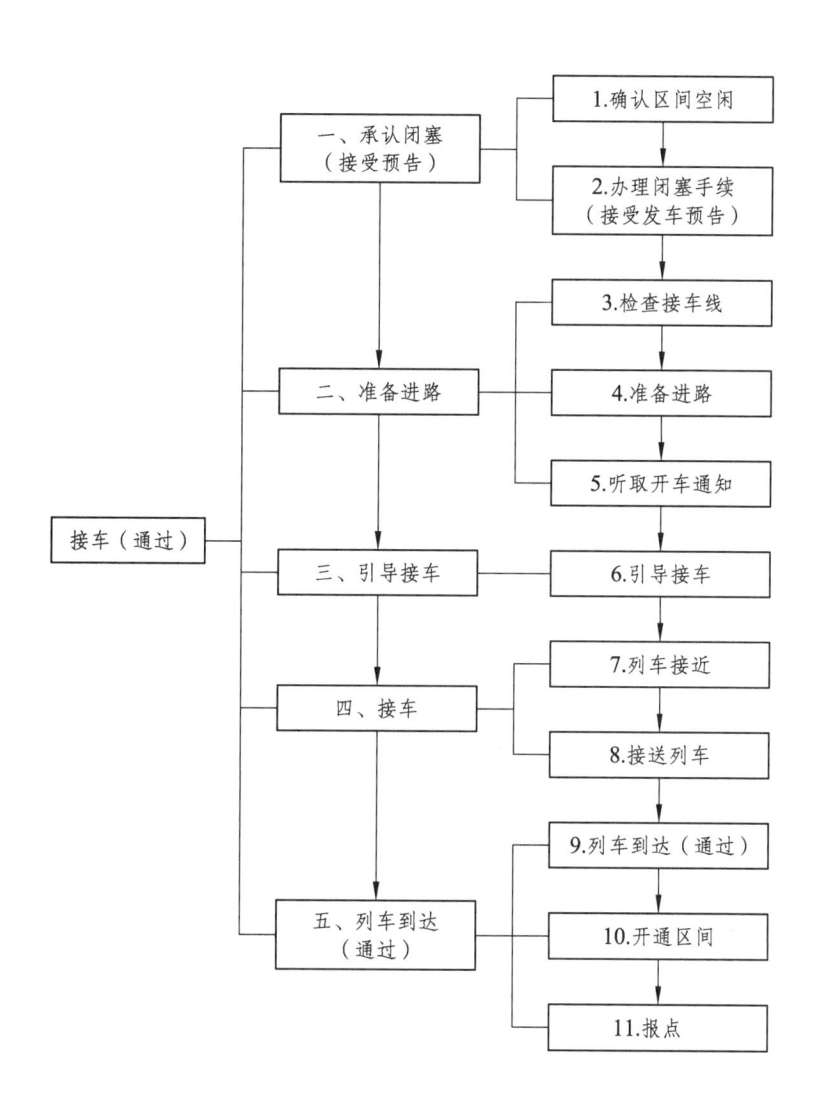

图 3.1 电话闭塞接车（通过）作业程序

2. 发车作业程序图（见图 3.2）

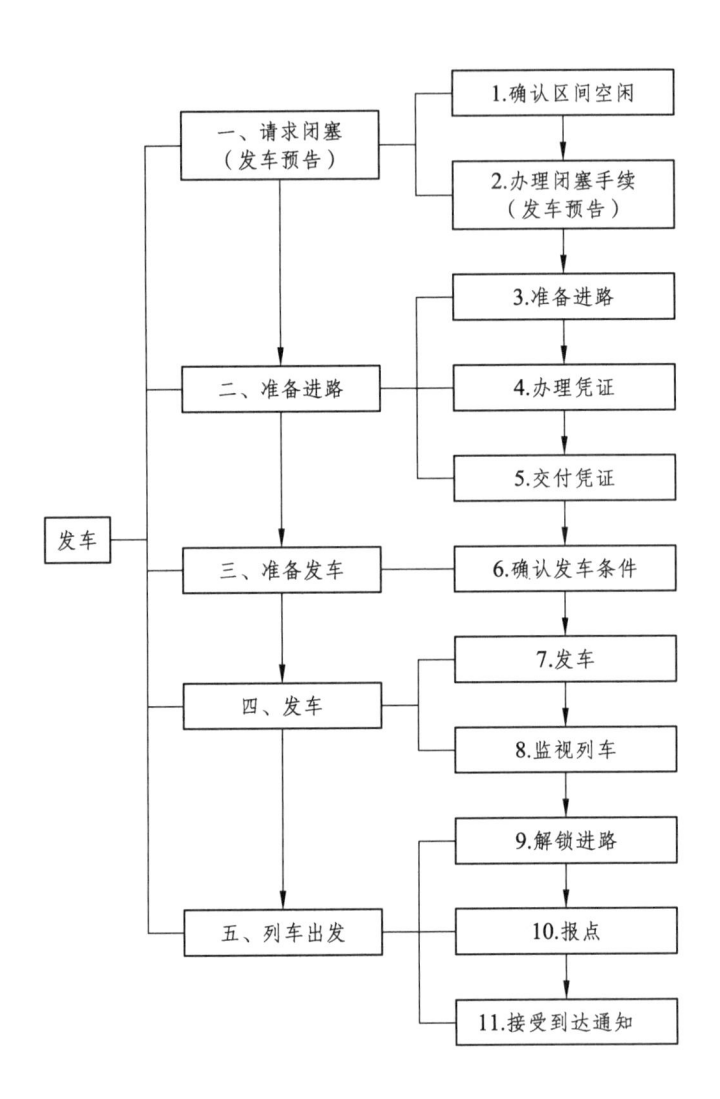

```
发车 ─┬─ 一、请求闭塞 ─┬─ 1. 确认区间空闲
      │   （发车预告）  └─ 2. 办理闭塞手续（发车预告）
      │
      ├─ 二、准备进路 ─┬─ 3. 准备进路
      │                ├─ 4. 办理凭证
      │                └─ 5. 交付凭证
      │
      ├─ 三、准备发车 ─── 6. 确认发车条件
      │
      ├─ 四、发车 ─┬─ 7. 发车
      │            └─ 8. 监视列车
      │
      └─ 五、列车出发 ─┬─ 9. 解锁进路
                       ├─ 10. 报点
                       └─ 11. 接受到达通知
```

图 3.2　电话闭塞发车作业程序

3.1.5 电话闭塞接发列车作业程序

1. 接车（通过）作业（见表3.1）

表3.1 接车（通过）作业

作业程序		岗位作业技术要求				说明事项
程序	项目	车站值班员	助理值班员	扳道员（长）	引导员	
一、承认闭塞（接受预告）	1.确认区间空闲	（1）听取发车站请求闭塞（双线正方向除首列外，为听取发车站预告），按列车运行计划核对车次、时刻、命令、指示（必要时与列车调度员联系）				首列使用电话闭塞法时，核对由基本闭塞法改用电话闭塞法的调度命令
		（2）根据《行车日志》及各种行车表示牌，确认区间空闲				
	2.办理闭塞手续（接受发车预告）	（3）发出电话记录："×号，（×点）×（分），同意×（次）闭塞"[双线正方向除首列外为同意预告："同意×（次）预告"]				同意列车闭塞（预告）后，按《站细》规定通知有关人员
		（4）填写或确认电子《行车日志》				不能使用电子《行车日志》时，填写纸质《行车日志》
		（5）口呼："×（次）闭塞[预告]好（了）"揭挂"区间占用"表示牌	（1）确认无误后，应答："×（次）闭塞[预告]好（了）"			助理值班员在室外作业时，（1）项作业省略
		（6）确定接车线				
二、准备进路	3.检查接车线	（7）通知助理值班员、有关扳道员(长)："×号、×号，×（次）闭塞[预告]，检查×道"，并听取复诵	（2）复诵："×号，×（次）闭塞[预告]，检查×道"	（1）复诵："×号，×（次）闭塞[预告]，检查×道"		

续表

作业程序		岗位作业技术要求				说明事项
程序	项目	车站值班员	助理值班员	扳道员（长）	引导员	
二、准备进路	3.检查接车线	（8）应答："×道空闲"	（3）现场检查（4）向车站值班员报告："×道空闲"，并填写占线板（簿）	（2）现场检查（3）向车站值班员报告："×号，×道空闲"，并填写占线板（簿）		
		（9）通知扳道员（长）停止影响进路的调车作业并听取报告		（4）停止影响进路的调车作业确认停止后报告		停止调车作业时机和通知、应答、报告用语，按《站细》规定无影响进路的调车作业时，此项作业省略
	4.准备进路	（10）确认列车运行计划后，通知有关扳道员(长)："×号、×号，×（次）、×道停车[通过][到开]，准备进路"听取复诵无误后，命令："执行"		（5）进路上的扳道员（长）复诵："×号，×（次）、×道停车[通过][到开]，准备进路"接停车列车时，接车线末端及有关扳道员（长）回答："×号，知道（了）"		列车通过时，应办理有关发车作业程序车站值班员认为需办理变通进路时，一并通知
				（6）正确、及时地准备进路，并将进路上无联锁的有关对向道岔及邻线上的防护道岔加锁		进路上的分动外锁闭道岔无论对向或顺向，均应对密贴尖轨、斥离尖轨和可动心轨加锁
		（11）听取扳道员（长）报告后，应答："好（了）"		（7）报告："×号，×道接车进路好（了）"[列车通过或到开时，发车端扳道员（长）报告："×号，×道发车进路好（了）"]		

续表

作业程序		岗位作业技术要求				说明事项
程序	项目	车站值班员	助理值班员	扳道员（长）	引导员	
二、准备进路	4.准备进路	（12）通知引导员："确认×道接车进路"听取复诵无误后，命令："执行"			（1）复诵："确认×道接车进路"	设进路检查人员时，检查确认办法按《站细》规定
		（13）听取引导员报告后，应答："好（了）"			（2）确认进路正确，报告："×道接车进路确认好（了）"	扳道员兼引导员或引导人员确认进路有困难时，由扳道员（长）再次检查，确认正确后报告接通过列车时，发车端扳道员（长）再次确认正确后报告
	5.听取开车通知	（14）复诵发车站开车通知："×（次）、（×点）×（分）开"				
		（15）填记或确认电子《行车日志》中的发车站发车时间和本站接车线				不能使用电子《行车日志》时，填写纸质《行车日志》
		（16）通知助理值班员、扳道员（长）："×号、×号、×（次）开过来（了）"，并听取复诵	（5）复诵："×（次）开过来（了）"	（8）复诵："×（次）开过来（了）"		
		（17）按《站细》规定通知有关人员				
三、引导接车	6.引导接车	（18）通知引导员："×（次）、（×点）×（分）开过来（了），引导接车"听取复诵无误后，命令："执行"			（3）复诵："×（次）、（×点）×（分）开过来（了），引导接车"	列车通过时，应办理有关发车作业程序
					（4）到规定地点，按规定时机显示引导手信号	

续表

作业程序		岗位作业技术要求				说明事项
程序	项目	车站值班员	助理值班员	扳道员（长）	引导员	
四、接车	7.列车接近	（19）应答："×（次）接近"			（5）目视列车接近，向车站值班员报告："引导员，×（次）接近"	
		（20）通知助理值班员及有关扳道员（长）："×号、×号，×（次）接近，×道接车"，并听取复诵	（6）复诵："×（次）接近，×道接车"	（9）进路上的扳道员（长）复诵："×号，×（次）接近，×道接车"，接停车列车时，接车线末端及有关扳道员（长）回答："×号，知道（了）"		
			（7）再次确认接车线路空闲，到《站细》规定地点接车	（10）再次确认接车线路空闲，到《站细》规定地点接车		
	8.接送列车	（21）对通过列车，使用调度命令无线传送系统传送行车凭证或按规定使用列车无线调度通信设备向司机传达行车凭证后，通知助理值班员：×（次）、×道显示通过手信号	（8）监视列车进站，于列车停妥后返回；对通过列车，得到车站值班员显示通过手信号的通知并复诵后，显示通过手信号列车头部越过接车地点，收回通过手信号列车尾部越过接车地点，确认尾部标志后返回	（11）监视列车进（出）站，确认列车尾部标志；停车列车，内方扳道员（长）须确认列车尾部过标后返回	（6）待列车头部越过引导地点后，收回引导手信号	不能使用调度命令无线传送系统传送行车凭证或使用列车无线调度通信设备向司机传达行车凭证时，由助理值班员递交书面行车凭证

续表

业程序		岗位作业技术要求				说明事项
程序	项目	车站值班员	助理值班员	扳道员（长）	引导员	
五、列车到达（通过）	9. 列车到达（通过）	（21）听取列车到达（出站）报告，应答："好（了）"		（13）报告："×号，×（次）到达"通过列车发车端扳道员（长）报告："×号，×（次）出站"		
		（22）对通过列车通知接车站："×（次）、（×点）×（分）通过"，并听取复诵	（9）对通过列车，擦（划）掉占线板（簿）记载	（14）对通过列车，擦（划）掉占线板（簿）记载		
	10. 开通区间			（15）将加锁的道岔解锁将道岔恢复定位		连续使用道岔同一位置接发列车时除外
		（23）向发车站发出电话记录："×号，×（次）、（×点）×（分）到"，并听取复诵				
		（24）填记或确认电子《行车日志》				不能使用电子《行车日志》时，填写纸质《行车日志》
		（25）摘下"区间占用"表示牌				
	11. 报点	（26）通过计算机报点系统向列车调度员报点				不能使用计算机报点系统时，向列车调度员报点："×（站）报点，×（次）、（×点）×（分）到（通过）"

2. 发车作业（见表3.2）

表3.2

作业程序		岗位作业技术要求			说明事项
程序	项目	车站值班员	助理值班员	扳道员（长）	
一、请求闭塞（发车预告）	1.确认区间空闲	（1）确认列车运行计划；根据《行车日志》及各种行车表示牌，确认区间空闲			首列使用电话闭塞法时，核对由基本闭塞法改用电话闭塞法的调度命令
	2.办理闭塞手续（发车预告）	（2）单线及双线反方向（正方向首列）请求闭塞："×（次）闭塞"[双线正方向除首列外："×（次）预告"]			
		（3）复诵接车站发出的电话记录[双线正方向除首列外为听取接车站同意的通知]			
		（4）填记或确认电子《行车日志》			不能使用电子《行车日志》时，填写纸质《行车日志》
		（5）口呼："×（次）闭塞（预告）好（了）"揭挂"区间占用"表示牌	（1）确认无误后，应答："×（次）闭塞（预告）好（了）"		助理值班员在室外作业时，（1）项作业省略
二、准备进路	3.准备进路	（6）通知扳道员（长）停止影响进路的调车作业并听取报告		（1）停止影响进路的调车作业确认停止后报告	停止调车作业时机和通知、应答、报告用语，按《站细》规定无影响进路的调车作业时，此项作业省略
		（7）确认列车运行计划后，通知有关扳道员（长）："×号、×号、×（次）、×道发车，准备进路"听取复诵无误后，命令："执行"		（2）进路上的扳道员（长）复诵："×号，×（次）、×道发车，准备进路"有关扳道员（长）回答："×号，知道（了）"	车站值班员认为需办理变通进路时，一并通知

续表

作业程序		岗位作业技术要求			说明事项
程序	项目	车站值班员	助理值班员	扳道员（长）	
二、准备进路	3.准备进路			（3）正确、及时地准备进路，并将进路上无联锁的有关对向道岔及邻线上的防护道岔加锁	进路上的分动外锁闭道岔无论对向或顺向，均应对密贴尖轨、斥离尖轨和可动心轨加锁
		（8）听取扳道员（长）报告后，应答："好（了）"		（4）报告："×号，×道发车进路好（了）"	
		（9）通知扳道员（长）："×号，确认×道发车进路"听取复诵无误后，命令："执行"		（5）复诵："×号，确认×道发车进路"	
		（10）听取扳道员（长）报告，应答："好（了）"		（6）再次确认正确，报告："×号，×道发车进路确认好（了）"	
三、准备发车	4.办理凭证	（11）核对车次、区间，电话记录号码，填写路票			双线正方向发车，电话记录号码为：首列为接车站承认的电话记录号码；首列以后的列车，为前次发出的列车到达的电话记录号码 可按《站细》规定，由指定的助理值班员填写路票
		（12）与助理值班员核对路票	（2）与车站值班员核对路票		
	5.交付凭证	（13）通知助理值班员："发×道×（次）"，并听取复诵	（3）复诵："发×道×（次）"		
			（4）与扳道员对道	（7）与助理值班员对道	

续表

作业程序		岗位作业技术要求			说明事项
程序	项目	车站值班员	助理值班员	扳道员（长）	
三、准备发车	5.交付凭证		（5）与司机核对路票，确认正确后交付司机		使用调度命令无线传送系统传送行车凭证或使用列车无线调度通信设备向司机传达行车凭证时，无此项作业
四、发车	6.确认发车条件		（6）确认旅客上下、行包装卸和列检作业等完了（或得到报告）		
	7.发车		（7）按规定站在适当地点，显示发车信号或使用列车无线调度通信设备（发车表示器）发车		由车站值班员使用列车无线调度通信设备发车时，须确认发车条件具备（或得到报告）
五、列车出发	8.监视列车	（14）列车起动，通知接车站："×（次）、（×点）×（分）开"，并听取复诵			车站值班员不能确认列车是否起动时，由助理值班员报告车站值班员
		（15）填记或确认电子《行车日志》			不能使用电子《行车日志》时，填写纸质《行车日志》
			（8）监视列车，于列车尾部越过发车地点，确认列车尾部标志后返回	（8）监视列车，确认列车尾部标志，外方扳道员（长）于列车尾部越过最外方道岔后返回	
	9.解锁进路	（16）应答："好（了）"		（9）外方扳道员（长）向车站值班员报告："×号、×（次）出站"	

续表

作业程序		岗位作业技术要求			说明事项
程序	项目	车站值班员	助理值班员	扳道员（长）	
五、列车出发	9.解锁进路		（9）擦（划）掉占线板（簿）记载	（10）擦（划）掉占线板（簿）记载	
				（11）将加锁的道岔解锁将道岔恢复定位	连续使用道岔同一位置接发列车时除外
	10.报点	（17）通过计算机报点系统向列车调度员报点			不能使用计算机报点系统时，向列车调度员报点："×（站）报点，×（次）、（×点）×（分）开"
	11.接受到达通知	（18）复诵接车站列车到达电话记录			
		（19）填记或确认电子《行车日志》			不能使用电子《行车日志》时，填写纸质《行车日志》
		（20）摘下"区间占用"表示牌			

任务 3.2 轨道电路（信号机）故障接发列车

轨道电路能有效地防止向占用线路接车事故的发生。它不仅通过机车车辆占用到发线以后控制台上有红光带表示，能提醒车站值班人员，重要的是它与防护进路的信号机联锁，有效地防止了有车线接车的严重后果。也就是说当设备正常时，即使车站值班人员有不安全行为发生"误办"，向占用线路上接车，进站信号也开放不了（引导接车时除外）。

任何事物都具有两重性，轨道电路也不例外，它能防止向占用线路上接车，使车务部门错办进路事故下降了80%。但如果轨道电路故障不能正确地反映机车车辆对轨道区段的占用，传递虚假信息，不仅影响车站作业效率，更严重的是存在着许多不安全因素，直接威胁行车安全，是一种非正常情况下的接发列车。为了防止错办进路事故的发生，车站行车人员要认真研究轨道电路发生故障后设备性能发生的变化，找出潜在的危险，发现不安全因素，采取有力措施保证行车安全。

3.2.1 轨道电路

为了检查轨道上是否有机车车辆占用，将一段轨道的两根钢轨作为导体构成的电路叫作轨道电路。轨道电路由钢轨、轨道绝缘、轨道电源、轨道继电器组成。

轨道电路可以检查线路上有无列车或机车、车辆占用、运行情况及线路完整状态，并将这些信息连续不断地传递到信号楼控制台上，便于车站值班人员指挥、监视列车运行和迅速、准确地处理临时发生的问题，防止向占用线路上接入列车。

3.2.2 轨道电路发生故障时接发列车的注意事项

1. 接车进路上的轨道区段发生故障

一条接车进路由无岔轨道区段、道岔轨道区段和股道轨道区段组成。在办理接车进路的过程中，只要这三种轨道区段中的任何一个轨道区段发生故障出现红光带时，都会使进站（进路）信号机不能正常开放，必须使用非正常的方法将列车接入车站或车场内。

（1）进站（进路）信号机内方第一轨道区段（无岔轨道区段）出现红光带。

① 派人现场检查该轨道区段确实空闲，按规定登记运统46，通知工务、电务检查处理，报告列车调度员，通知站长到岗。

② 接到电务对故障一时不能排除，工务人员检查轨道无病害的报告后，向列车调度员申请并接收准许引导接车的调度命令。

③ 按引导进路锁闭方式，开放进站或接车进路信号机的引导信号，将列车接入站内。

注意：集中联锁车站此时开放的引导信号都不保留，应按压引导信号按钮不松手，或在延时*s 内不断点击引导信号按钮，使引导信号一直保持开放状态。

（2）道岔轨道区段出现红光带。

① 车站值班员必须先派人现场检查确认该道岔轨道区段空闲、无障碍物、无病害。登记运统46，通知工务、电务检查处理，通知站长到岗，报告列车调度员。

② 接到电务部门对故障一时不能排除，工务部门检查轨道无病害的报告后，向列车调度员申请并接收准许引导接车的调度命令。

③ 道岔区段故障出现红光带开放引导信号接车有两种情况：一种是故障区段的道岔位置是接车进路所需要的位置时，对该道岔实行单锁，按引导进路锁闭的方式开放引导信号接车；另一种是故障区段的道岔位置不是接车进路所需要的位置时，则需要人工摇动道岔准备进路，二人确认道岔位置正确、尖轨与基本轨密贴，并按规定人工加锁，按引导总锁闭方式接车。

（3）股道轨道区段出现红光带。

① 车站值班员必须先派人现场确认该股道空闲。登记运统46，通知工务、电务部门检查处理，通知站长到岗，报告列车调度员。

② 接到电务人员报告故障一时不能排除，工务人员报告轨道无病害后，向列车调度员申请并接收准许引导接车的调度命令。

③ 按引导进路锁闭的方式，开放引导信号将列车接入站内。

2. 发车进路轨道区段出现故障

发车进路同样由无岔轨道区段、道岔轨道区段和股道轨道区段组成。出站信号机前方的股道轨道区段往往被列车占用。当出站信号机后方的道岔轨道区段和无岔轨道区段发生故障出现红光带时，出站信号机都不能开放。

（1）自动闭塞设备车站发车进路上道岔轨道区段和无岔轨道区段之一出现红光带。

① 先派人现场检查故障区段空闲，按规定登记运统46，通知工、电部门处理，通知站长到岗，报告列车调度员。

② 排列调车进路或单操道岔，将进路上的道岔转换至发车进路所需要的位置。对出现红光带的道岔区段，应按其显示区别对待：当红光带显示道岔位置是发车进路所需要的位置时，只需对该道岔实行单锁；当红光带显示道岔位置不是发车进路需要的位置时，应派人现场手摇道岔至所需要的位置，实行二人确认制，按规定人工加锁。

③ 确认发车进路上的全部道岔位置正确并按规定加锁及锁闭后，填发绿色许可证发车。

（2）半自动闭塞集中联锁设备的车站，当发车进路上道岔轨道区段和无岔轨道区段之一出现红光带时，出站信号都无法开放，应报请列车调度员发布停基改电调度命令。与前方站办理电话闭塞，在发车进路准备妥当后，填发路票发出列车。

3. 自动闭塞区段车站的离去、接近轨道区段发生故障

三显示自动闭塞有两个、四显示自动闭塞有三个接近和离去表示的轨道电路区段。这种轨道电路设在区间，它通过控制台上的表示灯（光带）来表示列车接近或驶离车站的位置，这就是监督表示器一般情况下，一个表示灯（光带）表示一个闭塞分区。有车占用时，点亮一个红灯（光带）；无车占用时，则处于灭灯状态。车站值班人员根据监督表示器可以判断列车接近或离开车站的情况，进而判断出站方面闭塞分区的空闲与占用情况。当接近、离去轨道区段发生故障时，会给车站值班人员传递虚假信息，不仅影响车站作业效率，而且危及行车安全，甚至酿成事故。

（1）接近轨道区段故障。

表示列车接近的轨道电路区段故障一般有以下三种情况：

① 列车占用后控制台不亮红灯，进入第二或第三接近又不响铃。这种情况虽不影响车站开放进站信号，但影响车站接车人员及时出务接车。

② 无列车占用时，控制台亮红灯。这种情况也不影响车站开放进站信号，但影响进站信号机前方的通过信号机正常开放。

③ 列车到达或通过车站后，第二或第三接近区段红光带（灯）不灭，车站应确认列车是否完整到达车站。

发生上述情况时，车站值班人员应按规定登记运统46，通知工、电部门进行处理。必要时应提醒续行列车司机加强瞭望，按《技规》规定注意运行。

（2）离去轨道区段故障。

① 出站方面第一离去无车占用亮红灯。出站信号不能正常开放。从监督表示器上不能确认第一闭塞分区空闲时，须向司机递交慢行（最高不超过20 km/h）通知书。车站可采用排列调车进路的方式准备发车进路，发给司机绿色许可证开车。

② 出站方面第一离去正常灭灯，第二离去亮红灯。三显示区段出站信号机不能开放绿色灯光，仅能开放黄色灯光；四显示区段，出站信号不能开放绿黄色灯光，仅能开放黄色灯光。

4. 半自动闭塞区段车站接近区段轨道电路发生故障

接近区段的轨道电路一般是从预告信号机前 100 m 开始到进站信号机处的轨道绝缘节。这是半自动闭塞区间接近车站的轨道电路区段，用来表示列车接近与离去车站的位置，它和闭塞机、出站信号机、预告信号机不联锁。当接近区段出现红光带时，一不影响与邻站办理闭塞，二不影响开放出站信号机，三不影响预告信号机和进站信号机的正常开放。当接近区段出现红光带时，车站应对到达或通过的列车认真确认其完整状态。按规定登记运统 46，通知工务、电务处理、站长到岗。在没有接到工务部门的检查汇报以前，可用无线调度电话通知司机以不超过 20 km/h 的速度运行完该轨道区段。

5. 到发线轨道区段发生故障

到发线轨道区段发生故障分两种情况：

一是到发线无车占用，控制台出现红光带。车站值班员应首先派人现场检查确认到发线确实空闲，再按规定登记运统 46，通知工、电部门检查处理，通知站长到岗。向列车调度员申请引导接车的命令，采用引导进路锁闭的方式接入列车。通过单操道岔或排列调车进路的方式准备接车进路，利用按压接通光带按钮确认进路正确，破封按压引导信号按钮开放引导信号，控制台接车进路上有白光带出现。列车到达后，一手按压总人工解锁按钮，一手按压列车进路的始端按钮，进路上白光带熄灭，完成进路解锁。

二是到发线有车占用，控制台无红光带。如有待发列车时，正常开放出站信号发出列车。如有站存车时，应及时在控制台该到发线上加挂"有车占用"表示牌，并将该线两端的分歧道岔单操至不能进入该线的位置并单锁，防止向有车线接车。按规定登记运统 46，通知工、电部门检查处理，通知站长到岗。

3.2.3 轨道电路故障引发事故的案例

【案例 1】 电务人员违章作业，造成旅客列车追尾特别重大事故

事故经过：

××年 4 月 29 日，某信号工区信号工未登记运统 46 与车站联系要点，打开京广线某中间站 12 号道岔（四线制）变压器箱，断开 12 号道岔控制电路中的 X1 线，并用二极管封连 X1 和 X3 线端子之后，便开始整理 12 号道岔变压器箱内的端子配线。10 点 22 分，车站办理上行 4 道接车进路，12 号道岔转到反位，上行进站信号机开放双黄灯光，随后 818 次旅客列车进入 4 道停车。此时，负责室内联系的信号工长得知客车 324 次将从 II 道通过，既没向值班员提示，也没有通知现场信号工恢复道岔功能，反而离开运转室。10 点 42 分，车站办理 324 次旅客列车 II 道通过进路时，控制台显示 12 号道岔定位和 II 道通过进路白光带，进出站信号机显示绿灯。10 点 48 分，本应从 II 道通过的 324 次客车却经 12 号道岔反位冲进 4 道。正在 12 号道岔干活的信号工听见 324 客车进站的鸣笛声，未采取任何措施，为躲避车上扔下的杂物钻进了道岔清扫房。324 次客车以 110 km/h 的速度与停在 4 道的 818 次旅客列车发生追尾冲突。造成 324 次 1~9 位颠覆，10~11 位脱轨，818 次机后 15~17 位颠覆；人员死亡 126

人、重伤 48 人、轻伤 182 人；机车报废 1 台，客车报废 11 辆、中破 1 辆、小破 1 辆。直接经济损失 415 万元，中断行车 29 小时 12 分，构成了中华人民共和国成立以来旅客伤亡人数最多的特别重大事故。

事故原因：

造成事故的根本原因是电务部门事先未在运统 46 上登记要点，擅自检修正在使用中的信号设备，信号工人为切断了 12 号道岔定位动作电路，并且使用二极管构成 12 号道岔定位假表示（即控制台上道岔表示与实际位置不一致），使道岔联锁失效。同时，负责室内联系的信号工长擅离职守，未能将列车运行情况及时通知室外，也是导致事故的重要原因。

事故教训：

（1）这是中华人民共和国成立以来旅客列车事故中伤亡人数最多的一次事故。工、电部门在车站施工、维修、排除故障，必须按照《技规》《铁路信号维护规则》《铁路线路修理规则》《铁路工务安全规则》规定，事先在车站《行车设备检查登记簿》内登记，取得车站值班员同意并签认后方准动设备。

（2）严禁电务人员使用二极管封连信号设备电气接点。教育广大职工从血的教训中认识到这一违章行为所造成的严重后果。

【案例 2】 钢轨顶面和车轮踏面之间有绝缘物造成轨道电路分路不良，构成进路不空闲发出旅客列车的一般 C 类事故

事故经过：

××年 4 月 14 日 06 时 41 分，某机务段 DF40169 号机车牵引 389 次旅客列车进甲站客场 4 道停车，06 时 43 分摘机车，07 时 09 分进入新场停于 D14 信号机前 20/40WG（无岔区段），等待入折返段。SS46032 号机车牵引 22773 次货物列车于 07 时 10 分进入新场 3 道停车，摘机后，07 时 11 分车站排调车进路，亦进入 20/40WG（无岔区段）准备入库。SS46032 号机车行至 K690+131 处，因行人抢道于 07 时 12 分紧急停车。07 时 12 分车站开放 D14 信号，前台 DF40169 号机车 07 时 12 分动车，于 07 时 15 分入段。信号楼控制台下行正线 20/40WG 红光带消失，甲站值班员认为两台机车已经入段，于 07 时 27 分下达开放Ⅰ道出站信号的命令，信号员从控制台上确认了发车进路和闭塞分区空闲后，开放了旅客列车 433 次Ⅰ道出站信号。07 时 33 分客车 433 次通过甲站时，司机发现下行正线上停有 SS46032 号机车，立即采取紧急制动停车，二者相距 170 m。

事故原因：

（1）SS46032 号机车行经 20/40WG 时，因行人抢道司机使用紧急制动，机车自动撒砂，在机车轮对踏面与钢轨顶面间形成砂垫层，造成轨道电路分路不良，在 20/40WG 有 SS46032 号机车占用的情况下，信号楼控制台却没有红光带。轨道电路不能正确显示机车占用，为车站值班人员监视机车车辆占用轨道区段形成了假象，是事故发生的主要原因。

（2）机车砂管的撒砂量超过标定范围，造成轨道电路分路不良，是诱发事故的第一因素。SS46032 号机车司机使用非常规制动停车后，未将机车稍许移动，或将机车停车位置报告车站

值班员，也是诱发事故的原因。

（3）车站值班人员在没有布置两台机车重联入段的情况下，仅凭控制台 20/40WG 红光带的消失就臆测两台机车自行连接一起入段，是酿成事故的重要原因。

（4）车站《站细》关于"机车出入段的办法"中，没有确认机车号码保证多台机车全部出入段的联系办法，安全措施不到位，还有死角。

事故教训：

（1）教育职工熟悉设备性能，了解造成轨道电路分路不良的常见原因，充分认识轨道电路分路不良对行车安全带来的不安全因素。

（2）增强安全意识，提倡为安全多看一眼、多问一句。制定措施，做到室内看显示、室外查现场，室内室外必须一致。坚决杜绝"臆测行车"。

（3）机车乘务员应严格执行"使用非常制动停车后，应将机车稍许移动，或将机车停车位置报告车站值班员"的规定，防止轨道电路分路不良现象的发生。

【案例3】设备不良，臆测行车，未准备好进路接车事故

事故经过：

如图 3.3 所示，××年×月×日 16 时 30 分，经调度同意 54032 次在某站 5 道压标装车，14DG 亮红光带，影响 1 道接车。直至 19 时交接班后，接班值班员也知道 5 道有压标车影响 1 道使用。20 时 47 分，邻站请求 K81 次客车闭塞时，车站值班员发现控制台 14DG 红光带消失，认为压标车已装完并退回 5 道警冲标内方（实际仍压标 0.5 车），即按设备正常情况办理 K81 次客车 1 道接车进路，开放进站信号。K81 次客车进站后，司机发现邻线有越标车而紧急停车。停车后，距压标车仅十多米，避免了列车发生侧面冲突，构成未准备好进路接发列车的一般 C 类事故。

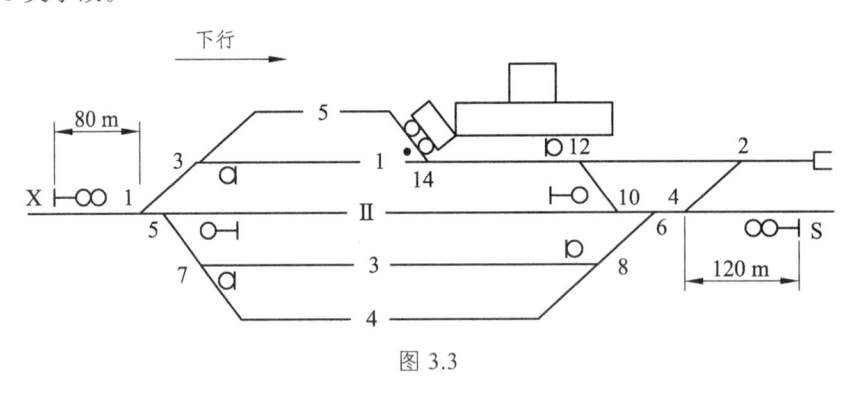

图 3.3

事故原因：

（1）车站值班员接班时知道 14 号道岔有压标车，准备 K81 次客车接车进路时，发现控制台 14DG 红光带消失，既未派人现场检查确认，也未与货运人员联系，臆测行车，盲目办理客车 K81 次接车进路，是造成事故的主要原因。

（2）电务设备性能不符合故障导向安全的原则，是发生事故的重要原因。在 14DG 有车占用的情况下，控制台上红光带消失，进站信号可以正常开放，是发生误办的客观条件。车务臆测行车,误认为压标车已装完并退入 5 道警冲标内方,是发生事故的主观条件。

事故教训:

(1)车站值班员、信号员应密切监视控制台各种表示灯、表示光带的变化,发现异状应首先派人去现场检查,然后根据检查结果决定处理办法,绝不能臆测行车。

(2)电务部门应加强对设备的维护保养,消灭"假显示"。

3.2.4 防止轨道电路故障时接发列车事故的措施

轨道电路故障是影响车站接发列车作业安全的客观因素。设备发生故障时,集中联锁应当满足的安全条件得不到保证,埋下了诸多不安全因素。例如,列车正在行驶的轨道区段红光带消失,造成进路错误解锁;轨道区段有车占用,控制台却没有红光带表示;轨道区段无车占用,控制台却有红光带表示;钢轨顶面有绝缘物造成轨道电路分路不良等。这些故障都会给车站值班人员错办进路、诱发行车事故形成客观条件。为有效防止错办进路事故的发生,车站值班人员应做到:

(1)对轨面生锈或污染造成轨道电路分路不良的钢轨、道岔,应请求列车调度员组织安排机车压道除锈、除污,并通知电务部门参与。

(2)遇轨道电路故障或停用的轨道区段、线路,接发列车时,必须派人现场昼间目视、夜间对道检查进路空闲、无障碍物。

(3)遇控制台停电、股道有车占用而控制台无红光带表示,必须及时在控制台加挂"有车占用"表示牌,以防有车线接车。

(4)遇接发列车进路上某一组道岔失去表示时(含现场手摇道岔),必须坚持二人或一人二次现场确认道岔位置,按规定加锁。

(5)遇电务部门对道岔维修、施工结束后,必须坚持核对现场道岔位置与控制台表示一致,并认真办理运统 46 的签认手续。

(6)在接发列车和调车作业中,发现控制台的显示与列车或机车车辆占用轨道电路的实际不一致时,先不要盲目动用设备,必须派人现场检查确认机车车辆实际位置,然后采取相应措施,绝不能臆测行车。

任务 3.3　引导接车

"凡进站、接车进路信号机不能使用或在双线区段由反方向开来列车而无进站信号机时,应使用引导信号或派引导人员引导接车",这种接车方式称为引导接车。

引导接车须报请列车调度员发布命令,并用无线列调电话通知司机。

3.3.1 引导接车的使用范围及接车方式

1. 引导接车的使用范围

（1）进站、接车进路信号机不能使用（包括信号机发生故障、联锁失效、施工、停电、轨道电路发生故障等）时。

（2）向进站、接车进路信号机联锁范围以外的线路上接车时。

（3）双线区段由反方向开来列车而无进站信号机或引导信号不能使用时。

2. 接车方式

（1）开放进站、接车进路信号机的引导信号接车，一般简称为机械引导。

《技规》规定："进站及接车进路色灯信号机，均应装设引导信号"。这就是说只有当进站、接车进路信号机为色灯信号机时，才设有引导信号。进站及接车进路色灯信号机的引导信号显示方式为一个红色灯光和一个月白色灯光，它所表示的意义是："准许列车在该信号机前方不停车，以不超过 20 km/h 的速度进站或通过接车进路，并须准备随时停车"。引导信号是由一个红色灯光和一个月白色灯光组成的，二者是不可分开的整体，所以开放引导信号的前提是进站、接车进路色灯信号机上必须有红灯点亮。

引导信号中的月白色灯光在列车头部越过信号机后自动关闭。

（2）人工引导，是指派引导员在进站信号机、进路信号机或站界标外方显示引导手信号接车。

引导手信号显示方式为：昼间为展开的黄色信号旗、夜间为黄色灯光高举头上左右摇动。显示时机为列车接近显示人 800 m 或能看见列车头部时起；收回时机为列车头部越过显示人。

3.3.2 在无联锁线路上接发列车时有关道岔加锁的规定

《技规》规定，"在无联锁的线路上接发列车时，车站值班员除严格按接发列车手续办理外，还应将进路上有关对向道岔及邻线上的防护道岔加锁"。

1. 对向道岔及防护道岔的概念

在接发列车进路上尖轨尖端指向来车方向的道岔称为对向道岔，反之为顺向道岔。

能将本线上的接发列车进路与邻线上的进路隔开的道岔称为防护道岔。

对向道岔位于接发列车进路上，而防护道岔则位于接发列车进路的邻线上。

2. 对向道岔及防护道岔的判别

根据图 3.4 判断以下三条接发列车进路上的对向道岔与防护道岔：

（1）上行列车进 6 道，进路上对向道岔为 6、14、20、22、24 号，邻线上的防护道岔为 2、8、10、16 号。

（2）下行列车由 I 道发车，进路上的对向道岔为 8 号，邻线上的防护道岔为 6、12 号。

（3）上行列车进 3 道，进路上的对向道岔为 6、18 号，邻线上的防护道岔为 2、16 号。

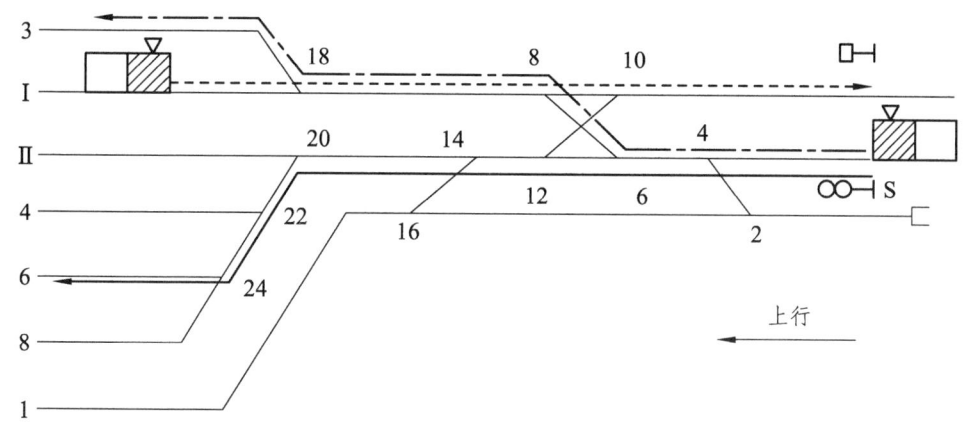

图 3.4

注意：上行列车进 3 道时，10、12 号道岔不是防护道岔。因为 10 号道岔的位置只有定位和反位两种。当 10 号道岔位置开通定位（直向）时，在下行正线上运行的机车车辆会在 8 号道岔处闯入上行列车的 3 道接车进路。当 10 号道岔位置开通反位（侧向）时，在下行正线上运行的机车车辆会在菱形交叉处闯入上行列车的 3 道接车进路。因此，10 号道岔无论开通定位还是反位都不能把两条进路隔开，所以 10 号道岔不是防护道岔。同理，12 号道岔也不起隔开作用，所以也不是防护道岔。判断某一组道岔是不是防护道岔，关键是当它开通定位或反位时，能不能将两条进路隔开。若能隔开，就是防护道岔，否则就不是防护道岔。

3. 道岔加锁的规定

（1）在无联锁的线路上接发列车时，应将进路上有关对向道岔及邻线上的防护道岔加锁。

为什么要加锁呢？这是因为无联锁进路上的对向道岔不能被设备锁闭，为了防止作业人员意外扳动，必须加锁。邻线上的防护道岔能把两条进路隔开，防止冲突事故发生。为保证接发列车进路的安全，防护道岔必须开通到隔开的位置，为了防止意外扳动，也必须加锁。

（2）进路上的分动外锁闭道岔无论对向或顺向，均应对密切尖轨、斥离尖轨、可动心轨加锁。具体加锁办法按铁路局规定办理。

4. 道岔加锁的办法

道岔加锁装置包括锁板、勾锁器、闭止把加锁、带柄标志加锁。我国铁路多使用钩锁器加锁道岔的办法。

（1）道岔钩锁器要安装在距道岔尖轨尖端第一轨枕空档处，具体位置由车站会同工务、电务部门进行扳动试验，确认能够保证道岔密贴后，由工务部门在加锁一侧钢轨轨腰处用红色油漆画一"竖线"，作为加装钩锁器的标记，并负责日常保养。

（2）凡安装双转辙机的道岔除按规定在道岔前部加装钩锁器外，还要在道岔后部第二牵引点处距尖轨一侧再加装一把钩锁器。

（3）可动心轨道岔及交分道岔的活动心轨应使用专用钩锁器，并按《铁路接发列车作业》标准的规定认真确认道岔开通位置。

3.3.3 施工特定行车办法中的引导接车

在施工特定条件下，为保证列车运行安全，降低施工对运行秩序的影响，提高列车引导进站和通过车站的速度，可按以下行车办法引导接车：

（1）施工开始前，车站须将进路开通正线，并对所有道岔加锁。

（2）引导列车由车站正线通过时，准许列车司机凭特定引导手信号显示，以不超过 60 km/h 的速度进站。特定引导手信号的显示方式：昼间为展开的绿色信号旗，夜间为绿色灯光高举头上左右摇动。

（3）准许车站不向司机递交书面行车凭证。但车站仍需按规定办理闭塞手续，使用无线列调电话（其通信记录装置须作用良好）将行车凭证号码（路票为电话记录号码、绿色许可证为编号）和调度命令号码通知司机，在得到司机的复诵后方可显示通过手信号。

3.3.4 集中联锁设备开放引导信号接车

集中联锁设备车站开放引导信号接车，按进路的锁闭方式分为引导进路锁闭接车和引导总锁闭接车两种。

1. 引导进路锁闭接车

（1）适用范围

当进站、接车进路信号机发生故障不能开放允许信号或接车进路上（含延续进路）某一轨道区段发生故障（出现红光带）时，采用引导进路锁闭方式接车。

（2）操作过程

① 检查确认接车进路空闲。

派人现场检查确认进路空闲。对出现红光带的轨道区段，必须派人现场检查确认无车占用。按规定登记《行车设备检查（施工）登记簿》（以下简称运统 46），报告列车调度员，通知工务、电务部门处理，通知站长（或值班干部，以下同）到岗。

② 准备接车进路。

无论采用排列调车进路还是单独操纵道岔（以下简称单操道岔）的方式，将道岔转换至所需要的位置。遇进路上道岔区段发生故障（出现红光带），且该道岔的位置就是准备进路时所需要的位置时，经过现场确认空闲后，应对该道岔实行单独锁闭（以下简称单锁）。

注意：若该道岔的位置与进路要求不符时，须派人到现场手摇到所需位置，确认尖轨与基本轨密贴，按规定人工加锁。此时该道岔失去表示，接车方式应使用引导总锁闭。

③ 确认接车进路正确。

确认接车进路正确，关键是确认进路上的道岔开通位置。6502 继电联锁应按压该咽喉区的接通光带按钮或通过道岔定反位表示灯，确认进路开通正确。计算机联锁直接从显示屏上站场基本图形中道岔岔尖缺口位置确认进路开通正确。对失去表示的道岔应派人到现场确认尖轨与基本轨密贴，确认进路开通正确。

④ 开放引导信号。

申请并接收引导接车的调度命令后，登记运统 46，破封按压该咽喉区引导信号按钮。控制台接车进路亮白光带（故障轨道区段仍亮红光带），进站（接车进路）信号机的引导信号开放。

⑤ 列车到达后解锁进路。

当列车第一轮对越过进站（接车进路）信号机后，引导信号自动关闭。列车按进路方向对轨道区段逐段占用（亮红光带）、逐段出清（红光带熄灭）。列车过后，亮红光带的故障轨道区段在工、电人员没有修复以前始终亮红光带。列车整列到达接车线警冲标内方后，控制台上接车进路仍亮白光带，说明进路还在锁闭状态。

解锁进路的方法是同时按压该咽喉区的总人工解锁按钮和接车进路的始端按钮，不经延时白光带立即熄灭，进路解锁。

注意：列车到站后，在办理解锁接车进路的过程中，进路若出现重复锁闭，上述办法则不能解锁进路。例如，在信号机正常使用时已经建立了一条接车进路，白光带点亮，信号开放正确（进路第一次锁闭）。假如进路上某一轨道区段突然出现红光带，进站信号恢复红灯，但接车进路上仍有白光带保留，现场确认故障区段空闲后，按压引导信号按钮，开放引导信号（进路第二次锁闭）。这时列车到站后的进路解锁用上述办法就不能解锁，应采取按压该咽喉区总人工解锁按钮和区段人工解锁盘上对应的事故按钮，实行逐段故障解锁。

2. 引导总锁闭接车

（1）适用范围

当接车进路上某一组道岔失去表示（道岔被挤除外）或向非信号机所属线路接车时，采用引导总锁闭方式接车。

（2）操作过程

① 派人到现场检查确认接车进路空闲、失去表示的道岔无病害。登记运统46，报告列车调度员，通知工、电部门和站长。

② 准备接车进路。

对控制台上有表示的道岔通过排列调车进路或单操将其转换至所需位置。对失去表示的道岔，派人到现场确认开通位置，根据需要手摇至所需位置，确认尖轨与基本轨密贴，按规定加锁。

③ 确认敌对进路未建立。

使用引导总锁闭接车时，开放引导信号既不检查敌对进路，也不锁闭敌对信号。因此，车站值班员、信号员要认真检查确认无敌对进路建立，并采取相应措施（例如，在控制台上对敌对信号机加帽、卡或挂牌；对进路末端的分歧道岔开通邻线并进行单锁），以防误办。

④ 确认接车进路正确。

按压该咽喉区通光带按钮（仅能确认有表示的道岔位置），确认进路开通是否正确。对于失去表示的道岔，必须派人到现场确认道岔位置开通正确。手摇道岔应认真执行二人确认制，确认道岔位置开通正确、尖轨与基本轨密贴，并按规定人工加锁。

⑤ 开放引导信号。

破封按压该咽喉区引导总锁闭按钮（该咽喉区道岔实现全部锁闭），锁闭接车进路。破封按压引导信号按钮，进站（接车进路）信号机的引导信号开放，接车进路在控制台上无白光带显示。

⑥ 列车到达后解锁进路。

列车第一轮对越过进站（接车进路）信号机后，引导信号自动关闭。列车按进路方向对轨道区段逐段占用（亮红光带）、逐段出清（红光带熄灭）。但失去表示的道岔区段始终没有光带显示。确认列车整列到达后，拉出该咽喉区的引导总锁闭按钮，全咽喉区道岔解锁，完成进路解锁。

注意：有的车站因电路设计原因，完成进路解锁后，会出现该咽喉区的出站信号开放不了的现象。这时可同时按压总人工解锁和列车进路的始端按钮，完成电路复原，出站信号即可开放。

使用引导进路锁闭和引导总锁闭两种方式接车时，遇进站、接车进路信号机内方第一轨道区段出现红光带，开放的引导信号都不保留。6502 继电联锁必须一直按压引导信号按钮不松手，直至列车头部越过进站（接车进路）信号机进入信号机内方第二轨道区段后方可松手。计算机联锁应在延时*s内（屏幕有信号保留的倒计时提示），不断点击引导信号按钮，保持引导信号一直在开放状态。

3. 引导进路锁闭接车与引导总锁闭接车对照表（表 3.3）

表 3.3　引导进路锁闭接车与引导总锁闭接车设备功能对照表

开放引导信号接车方式	相同处	不同处					
		对进路上道岔开通位置的检查	对敌对进路的检查	接车进路	信号开放的操作	控制台上接车进路的显示	列车到达后进路的解锁方法
引导进路锁闭接车	1. 开放引导信号都不检查接车进路空闲 2. 当进站信号机内方第一轨道区段出现红光带，开放引导信号都不保留 3. 列车头部越过进站（进路）信号机，引导信号自动关闭 4. 开放引导信号都不检查侵限绝缘区段有车越过警冲标	道岔开通位置形成接车进路贯通，引导信号开放	有敌对进路建立，该引导信号不能开放	锁闭	按压引导信号按钮	有白光带显示	同时按压该咽喉区总人工解锁按钮和进站（路）信号机的列车按钮
引导总锁闭接车		道岔开通位置造成接车进路不贯通，引导信号也能开放	有敌对进路建立，该引导信号也能开放	锁闭全咽	先按压总锁闭按钮，再按压引导信号按钮	无白光带显示	拉出该咽喉区引导总锁闭按钮

4. 两种引导接车方式的安全关键

（1）必须派人现场确认故障轨道区段空闲、接车进路空闲。

（2）必须确认进路上所有道岔位置正确，按规定加锁或锁闭；现场确认人工手摇的道岔和失去表示的道岔位置正确，用设备确认有表示的道岔位置正确。

（3）必须派人到现场确认侵限绝缘区段无越标车辆。

（4）使用引导总锁闭接车必须人工确认无敌对进路建立。

3.3.5　引导接车事故案例

【案例1】 错误处理设备故障，导致列车脱轨

事故经过：

××年×月×日22时，车站值班员离开岗位，助理值班员坐台办理行车。助理值班员在办理22067次通过进路时，遇11号道岔夹有道砟，电机空转，建立不了进路。此时，助理值班员又单操7/9号双动道岔，造成继电器组合架上的道岔启动电路保险丝熔断，7号道岔处于四开状态。清扫员在准备22067次接车进路时，不知道7号道岔属于接车进路上的道岔，只将11号道岔摇至定位，而未检查确认7号道岔开通位置，盲目汇报进路准备妥当。此时离开运转室近一个小时的值班员被助理值班员用广播叫回。值班员盲目使用引导总锁闭，开放引导信号，造成22067次在7号道岔上脱轨，机车及机后1~4位车脱轨。机车小破、货车小破，中断正线行车7小时40分，构成行车一般A类事故。

事故原因：

（1）值班员违反劳动纪律，擅离职守，让助理值班员坐台指挥行车，违反单一指挥制。

（2）助理值班员低职代高职，违章指挥行车，操纵控制台，不熟悉设备性能，不会处理故障。

（3）清扫员对22067次接车进路须经由的道岔不清，盲目汇报进路准备妥当。

（4）信号设备有缺陷，道岔启动电路保险丝容量过小。

事故教训：

（1）车站值班员不熟悉设备性能，不知道引导总锁闭接车的安全关键。未检查进路、道岔位置是否正确，盲目使用引导总锁闭接车。

（2）助理值班员不懂6502继电联锁的操作知识。不知道控制台电流表指针若长时间不能恢复到"0"位，说明11号道岔转换途中受阻。既不派人检查，又不将11号道岔单操回原位，反而单操7/9号双动道岔，造成保险丝熔断。

（3）清扫员平时不参与接发列车，不知道22067次接车进路须经7号道岔，可以理解，但万万不可盲目汇报。在行车工作中，盲目汇报产生的后果往往比不汇报严重得多。

这起事故充分暴露了车站行车职工从遵守两纪到业务素质、处理突发问题的能力所存在的漏洞。特别对非正常情况下设备性能所发生的变化，缺乏深刻的了解，没有发现其中的潜在危险。因而也就不会有正确的应变措施和处理手段，导致错误处理设备故障，使危机逐渐扩大，最终发展成A类事故。

【案例2】 瞬间停电道岔四开，盲目引导造成列车脱轨

事故经过：

××年×月×日，11611次货物列车03时37分由邻站开车后，车站值班员在开放11611次1道进站信号时，控制台突然停电，11611次在该站机外停车。03时55分该站恢复供电，车站值班员发现1号道岔无表示，在没有派人检查、确认其位置的情况下，盲目开放引导信号接车，致使11611次列车04时10分运行到1号道岔处脱轨。机车小破1台、车辆小破1辆，钢轨损坏2根，道岔损坏1组；中断行车1小时40分，构成行车一般C类事故。

事故原因：

车站值班员在办理 11611 次 1 道接车进路的过程中，信号电源突然中断，致使 1 号道岔没有转换到位，道岔处于四开位置。03 时 55 分恢复供电后，车站值班员没有按规定程序解锁。排列接车进路后，进站信号机无法开放时，误认为是进站信号机故障。既没有派人去检查接车线空闲，又没有指派扳道员到现场检查确认失去表示的 1 号道岔开通位置，确认尖轨与基本轨是否密贴并按规定加锁，盲目使用引导总锁闭接车，导致列车脱轨事故发生。

事故教训：

（1）车站值班员业务素质不高，特别对 1 号道岔在转换途中瞬间停电，道岔没有转换到位会处于四开位置这一变化不清楚。

（2）控制台恢复供电，1 号道岔无表示，车站值班员警惕性不高，错误处置。1 号道岔无表示的一种可能是现场尖轨与基本轨不密贴，另一种可能是控制台表示电路（或灯泡）发生故障。无论哪一种可能，都应首先指派扳道员到现场检查确认。

任务 3.4 一切电话中断接发列车

因自然灾害及其他原因，致使车站行车室内一切铁路有线电话如闭塞电话、调度电话及各站电话全部中断，车站与邻站值班员、列车调度员无法联系时，称为一切电话中断。

一切电话中断这种情况很少遇到，容易被忽视，但是，谁也不敢保证今后不会遇到。因为雷电、洪水、泥石流、地震等自然灾害及施工挖断电缆等其他原因，都有可能造成一切电话中断。车站值班员必须认真学习《技规》的有关规定，努力掌握一切电话中断时的行车方法，一旦遇到这种情况时，应能从容对待，正确处理。

3.4.1 一切电话中断时的行车方法

一切电话中断后，车站值班员应立即通知电务通信工区进行修复，并按规定登记运统 46，报告站长到岗组织有关人员协助工作。

车站一切电话中断后，两邻站值班员无法办理闭塞手续。为使行车不中断，必须采取一种特定的行车方法。《技规》规定："车站一切电话中断时，单线行车按书面联络法，双线行车按时间间隔法。""在自动闭塞区间，如自动闭塞作用良好时，列车运行仍按自动闭塞法行车。"

1. 单线行车按书面联络法

书面联络法是指在单线区间的车站，遇一切电话中断时，相邻两站以规定的书面联络方式确定向区间开行列车的权限和运行顺序的方法。书面联络的工具就是第一章提到的红色许可证中的"通知书"。在单线区间，列车运行执行的是双向行车制，两邻站都有权向区间发车。一切电话中断后，按照《技规》的规定，由优先发车站向区间发出电话中断后的第一趟列车，然后通过第一趟列车携带的"通知书"建立起联络关系，再确定下一趟列车的发车权。以此类推，行车不致中断，用书面联络代替了电话联络。非优先发车站如有待发列车时，必须在收到优先发车站送达的"准接你站发出的列车"的"通知书"后方准发出列车。

2. 双线行车按时间间隔法

时间间隔法是指一趟列车由车站出发后，不论其是否到达前方站，准许间隔一定的时间再向区间发出同方向次一列车的行车方法。

在双线区间列车运行执行的是单向行车制，上行列车走上行正线，下行列车走下行正线，双线正方向发车站可按时间间隔法连续发出同方向的列车。虽然无法知道前行列车是否到达前方站，只要按区间规定的运行时间另加 3 min，但不得少于 13 min 就可以发出同方向运行的列车。

3. 自动闭塞区间设备作用良好时仍按自动闭塞法行车

原因是自动闭塞区间设有轨道电路和通过信号机，即使有列车在某一闭塞分区被迫停车，既有通过信号机防护，又不准退行（退行须取得列车调度员或后方站值班员准许），可以保证行车安全。

3.4.2　优先发车站的确定

一切电话中断后，具有向区间开行第一趟列车权利的车站称为优先发车站。确定优先发车站既可以防止区间两端站都向该区间发出列车，造成两趟对向列车进入同一区间；又可以防止区间两端站都不向该区间发出列车而造成行车中断。为此，《技规》规定单线（包括双线改单线）按书面联络法行车时，优先发车站为：

（1）已办妥闭塞而尚未发车的车站。已办妥闭塞而尚未发车的车站是指一切电话中断之前已经办妥闭塞的车站。例如，半自动闭塞设备的发车站已从控制台上取得了接车站承认闭塞的信号，即发车闭塞表示灯绿灯点亮；使用电话闭塞法行车的发车站已取得接车站承认闭塞的电话记录号码。

（2）未办妥闭塞时，单线区间为开下行列车的车站；双线改按单线行车时，为该线原定发车方向的车站。

未办妥闭塞，是指一切电话中断前区间两端站根本没有办理任何一趟列车的闭塞手续，一切电话中断后，区间两端站又无法再去办理。《技规》规定：单线区间开下行列车的车站为优先发车站；双线改为单线行车时，该线原定正方向发车的车站为优先发车站。

这样可以在一切电话中断后，区间两端站根据《技规》规定，确定本站是否为优先发车站。优先发车站即可向区间发出电话中断后的第一趟列车，并通过第一趟列车建立书面联络，避免行车中断。

执行《技规》关于确定优先发车站的两条规定时，首先要分清一切电话中断前已办妥闭塞还是未办妥闭塞，不能混淆界限，错误理解。例如，如图 3.5 所示，灞桥—窑村区间上行正线已封锁，改按单线行车，使用电话闭塞法行车。灞桥请求 T42 次闭塞，窑村站发出电话记录号码承认 T42 次闭塞，闭塞已办妥。此时一切电话中断，优先发车站应当是已办妥闭塞的灞桥车站。如果窑村站认为本站用下行正线发出下行列车，是原定发车方向的车站，为优先发车站，那就是理解上的错误，就有将两趟对向列车放进同一区间的危险。

图 3.5

3.4.3 半自动闭塞区间发出第一列列车前应查明区间空闲

半自动闭塞区间在正常情况办理闭塞时，应确认区间空闲，这主要基于半自动设备本身的缺陷，要求车站值班员必须确认区间空闲。当一切电话中断后，发出第一列列车前更需要查明区间空闲。一定要从《行车日志》中检查电话中断前发出的列车是否到达接车站，邻站越出站界调车是否完毕，邻站发出反方向列车是否到达本站等。在无法得到前次列车到达邻站或邻站出站调车已经完毕的通知时，应派人去查明区间是否空闲。确认区间空闲一定要得到列车到达邻站的通知，绝不能臆测行车。例如，甲站向乙站发出一趟列车，列车由甲站出发后，控制台发车闭塞表示灯显示红灯，列车进入区间后一切电话中断。间隔一定时间（大于列车区间运行时分）后，甲站控制台发车闭塞表示红灯熄灭。此时值班员可不能仅凭发车闭塞表示红灯熄灭就断定前发列车已经到达乙站，区间已经空闲。如果不是前发列车到达邻站而是本站设备发生故障造成红灯熄灭（列车实际还在区间），这就为列车冲突事故的发生埋下了隐患。

3.4.4 禁止发出的列车

（1）在区间内停车工作的列车（救援列车除外）

这种列车在区间内要停车工作，占用区间时间较长，车站又一切电话中断，运行情况不好掌握，有可能发生列车追尾事故，所以禁止开行。但为排除区间线路故障或进行其他抢修而开行的救援列车不受此限制。

（2）开往区间岔线的列车

开往区间岔线的列车由车站发出后，待其返回或继续开往前方站，再发出其他列车，占用区间时间太长，进出岔线时又无法与车站联系，不能保证行车安全，应当禁止开行。

（3）须由区间内返回的列车

这种列车要在区间停车进行某种作业后返回发车站，占用区间时间长，返回时间难掌握，行车安全难保证，并影响旅客列车及许多重要列车的开行，所以禁止开行。

（4）挂有须由区间返回的后部补机的列车

这是因为补机返回车站的时间无法通知对方站。如果补机未返回，邻站即发出列车，会危及行车安全，理应禁止。

（5）列车无线调度电话故障的列车

这种列车一旦在区间被迫停车或发生故障，无法与区间两端站联系，不仅耽误列车救援和区间开通，而且还难以保证行车安全，所以禁止开行。

3.4.5　单线车站呼唤 5 分钟无人应答行车办法

单线区间的车站，经以闭塞电话、列车调度电话或其他电话呼唤 5 min 无人应答时，由列车调度员查明该站及其相邻区间确无列车（包括单机、大型养路机械及重型轨道车）后，可发布调度命令，封锁相邻区间，按封锁区间办法向不应答站发出列车。

该列车应在不应答站的进站信号机外停车，判明不应答原因及准备好进路后，再行进站。司机或车站值班员应将经过情况报告列车调度员。

任务 3.5　特殊情况接发列车

3.5.1　半自动闭塞故障按钮的使用

正常情况下，闭塞机可在列车到达接车站后办理到达复原，也可在列车未出发时办理取消复原。在非正常情况下，由于设备故障或作业特殊等原因，闭塞机不能正常办理复原。这时，必须使用故障按钮才能使闭塞机复原。

1. 半自动闭塞故障按钮的使用范围

《技规》规定："在半自动闭塞区间，遇接车站轨道电路发生故障，闭塞设备停电后恢复供电，列车因故退回原发车站等情况时，车站值班员确认列车整列到达后，根据列车调度员命令，使用故障按钮，办理人工复原，并在《行车设备检查登记簿》内登记。"

（1）接车站轨道电路发生故障。当列车进入接车站，压上接车方面的轨道电路时，由于轨道电路故障或轨道电路分路不良等原因，闭塞机不能正常办理到达复原，必须使用故障按钮办理闭塞机复原。

（2）闭塞设备停电后恢复供电。闭塞机停电后，继电器失磁落下。恢复供电时，闭塞机仍在锁闭状态，控制台上有相当于列车进入区间的红灯点亮，必须使用故障按钮取消点亮的红灯，办理闭塞机复原。

（3）列车因故退回原发车站。列车自发车站出发进入区间后，闭塞机已有列车进入区间的红色表示灯点亮。列车因故又退回原发车站时，由于列车未进入接车站的接车轨道电路区段，闭塞机不会得到列车的到达信号，所以不能正常办理复原，只能使用故障按钮办理闭塞机复原。

2. 使用半自动闭塞故障按钮的注意事项

使用故障按钮的实质是强行解除前次闭塞，具有再次向区间发出列车的危险。为此，使用故障按钮时应注意以下几点：

（1）区间两端站必须通过《行车日志》等共同确认区间空闲，这是保证安全的关键。

（2）由使用站值班员向列车调度员申请调度命令。列车未出发时，由发车站办理；列车到达接车站（包括因故退回原发车站）时，由接车站办理；停电后恢复供电时，由发生站办理。

（3）使用站值班员应向列车调度员报告使用原因和区间空闲情况，申请准许使用故障按钮的调度命令。列车调度员查明区间空闲后，发布准许使用故障按钮的调度命令。

（4）车站值班员收到调度命令后，应亲自或指示信号员破封使用故障按钮，在运统46内登记使用区间、原因、使用人、调度命令号、使用时间以及使用后计数器号码，并通知电务部门。

（5）使用半自动闭塞故障按钮安全关键是：有关区间两端站必须共同确认区间空闲，接车站必须确认列车完整到达。

3. 错误使用半自动闭塞故障按钮的事故案例

【案例1】误认设备故障，使用故障按钮，造成追尾事故

事故经过：

××年×月×日，某半自动闭塞区段车站值班员承认11714次闭塞后，便打盹睡觉，没有准备进路、开放信号，造成11714次机外停车。当相邻线路所又请求11716次闭塞时，刚睡醒的车站值班员不知道11714次还停在信号机外，在接车闭塞表示灯显示红灯的状态下，误认为设备"故障"，既未向列车调度员申请命令，又未与邻站联系，擅自使用故障按钮开通区间，承认了11716次闭塞。造成两列车进入同一区间发生追尾，机车报废1台，货车报废24辆，大破16辆，中破3辆，小破4辆，中断行车45小时19分钟，直接经济损失300万元，构成行车较大事故。

事故原因：

（1）车站值班员值班时睡觉，违反劳动纪律，造成11714次机外停车已构成一般D类事故。车站值班员违反《技规》规定，一不请示列车调度员，二不与邻站联系，三不确认区间空闲，擅自使用故障按钮，是造成这次较大事故的直接原因。

（2）相邻线路所值班员请求11716次闭塞时，未接到11714次列车到达通知，未确认区间空闲，违反《技规》规定，对这次事故负有重要责任。

（3）助理值班员未执行互控、他控制度。

事故教训：

（1）车站应严格劳动纪律，教育职工班前充分休息、班中严禁打盹睡觉，充分认识值班打盹睡觉的危害性。

（2）加强业务学习，熟悉设备性能。必须了解半自动闭塞故障按钮使用中的潜在危险。应严格执行《技规》规定，使用前必须与邻站先确认区间空闲，然后履行相关手续。

（3）车站值班员使用半自动闭塞故障按钮是接发列车的安全关键，助理值班员必须在场监督，坚决执行不打折扣。

【案例2】不确认区间空闲，盲目使用故障按钮，造成货物列车正面冲突重大事故

事故经过：

××年7月27日07时38分，乙站值班员接甲站开出22523次通知，填写了《行车日志》，

排列了Ⅱ道接车进路。07点39分又接丙站80848次开车通知，也填写了《行车日志》，但没有排列接车进路。

接着乙站值班员离开岗位，让站务员顶岗，临走前向站务员交代"22523次开过来了，丙站有外调"（即跟踪出站调车），但未交代80848已从丙站开出。

07点53分，甲站开来的22523次司机呼叫，询问乙站能否通过。乙站站务员不知道乙—丙区间有80848次，只知道丙站有外调，当即答复司机："慢一点，看信号。"接着，乙站站务员两次询问丙站"站外调"情况，丙站值班员答复"调车已结束"。乙站站务员发现丙站方向接车表示灯亮红灯，马上询问丙站："闭塞表示灯亮的是什么灯？"丙站说："是红灯。"乙站误认为闭塞设备故障，又问丙站："你取消？还是我取消？"丙站说："你取消吧。"于是乙站站务员使用半自动闭塞故障按钮取消了原80848次占用区间的红灯表示，与丙站值班员办妥了22523次闭塞，开放了22523次Ⅱ道出站信号，致使22523次与80848次对向列车进入同一区间发生正面冲突。

这次冲突事故造成机车报废4台，货车报废1辆、大破4辆、中破2辆、小破3辆；破坏线路100米、损坏钢轨8根、轨枕156根；机车乘务员死亡9人、重伤3人。中断正线行车25小时15分。造成了中华人民共和国成立以来机车乘务员罹难最多的重大事故。

原因分析：

（1）乙站值班员擅自离开岗位，将行车工作交与站务员指挥，违犯两纪、单一指挥。乙站值班员离开岗位时，只交代了22523次已办理的接车程序，对于乙—丙区间的占用情况也只交代了"越出站界调车"，并没有交代80848次丙站7点39分已开出，致使站务员始终把80848次占用区间的红灯当作"越出站界调车"，后来又误认为设备故障，为这次事故埋下了严重的隐患。

（2）乙站站务员在办理22523次闭塞时，没有通过《行车日志》确认区间空闲。当发现闭塞表示灯红灯点亮时，开始认为是丙站"越出站界调车"所致，之后又认为是设备故障所致。使用故障按钮时，违反《技规》规定，不确认区间空闲，不请示列车调度员发令，是造成这次事故的直接原因。

（3）丙站值班员同样违反《技规》规定，承认闭塞时根本没有通过《行车日志》确认80848次是否到达邻站，误认为区间占用表示灯红灯系设备故障所致。同意对方站使用故障按钮后盲目承认22523次闭塞，为重大事故的形成起了推波助澜的作用。

（4）由于甲、乙、丙三站所在区段为单线半自动闭塞，从80848次和22523次的开车点可以分析到，80848次和22523次应当在乙站会车，但列车调度员却未按规定发布3~4 h阶段计划，导致车站盲目接发列车，为事故的形成创造了外部条件。

事故教训：

（1）值班员严禁擅自离岗，安排不合格人员顶岗。
（2）应严格技术纪律，严格单一指挥制。
（3）使用半自动故障按钮前，必须与邻站值班员共同确认区间空闲，认真执行《技规》规定。

（4）列车调度员应及时发布 3～4 h 阶段计划，使车站接发列车做到会、让心中有数，有计划执行。

3.5.2　列车在区间分部运行

列车在区间分部运行是一种迫不得已的行车方法。列车发生分部运行的原因主要有：列车在区间发生断钩、制动主管破裂、机力不足或列车脱轨等。采用分部运行的目的是缩短故障列车占用区间而中断行车的时间，尽快恢复列车运行秩序。

1. 车站接到列车需要分部运行的报告后应做的工作

《技规》规定，在不得已的情况下，列车必须分部运行时，司机应使用无线列调电话报告前方站和列车调度员。

（1）车站值班员接到报告后，首先应查询原因，核准停车位置，并指示司机牵引前部车列运行进站。遗留车辆位置（××千米××米处）必须准确，故障必须清楚，以便确定救援方案，保证救援列车开来方向、救援地点无误，救援备品、机具适用、决策正确。

（2）立即将列车乘务员的报告内容报告给列车调度员，通知站长到岗，如需由原单机返回挂取遗留车辆时，还应通知调车组到行车室待命。

（3）商定实施救援方案。列车因断钩而被迫分部运行时，应确认断钩位置。如为后钩（车辆运行方向的后部车钩）断，可利用原列车机车先将前部车列牵引至前方站，然后报告列车调度员发布命令封锁区间，利用本务机车开行救援列车，以调度命令为凭证返回封锁区间。如为前钩（车辆运行方向的前部车钩）断，先用本务机车将前部车列牵引至前方站后，报告列车调度员发布调度命令封锁区间，再由后方站派出机车开行救援列车进入封锁区间，将后部车列拉回后方站或推送到前方站。

2. 列车乘务员需做好遗留车辆的防溜和防护工作

（1）列车在区间分部运行前，乘务员必须对遗留车辆做好防溜。

电气化区段，对敞、棚车应先使用防溜紧固器。在通知供电调度停电后，方可使用人力制动机防溜。

（2）机车司机应在司机手册内记明遗留车辆数，再度确认遗留车列停车位置，安排人员留在区间对遗留车辆进行看护并按救援列车进入区间挂取遗留车辆的运行方向，距离车辆前方不少于 300 m 处设置响墩进行防护。

3. 分部运行办法

（1）本务机车牵引前部车辆进站

在自动闭塞区间本务机牵引前部车辆按通过信号机显示运行，进站时按进站信号机显示的进行信号直接进站。

在半自动闭塞区间如无线列调电话不通，事先未告知车站值班员分部运行时，必须在进站信号机前停车，以防车站值班员误认为列车整列到达，盲目开通区间，向不空闲区间发出列车。如事先通过无线列调电话告知车站值班员分部运行时，可凭进站信号机显示的进行信号直接进站。

（2）调度员发布命令封锁区间

本务机牵引前半部车辆到站后，车站值班员应与司机手册再次核对区间遗留车辆的停车位置和车数。车站值班员向列车调度员报告本务机车牵引前半部车列到站，请求列车调度员发布命令封锁区间、开行救援列车。列车调度员在核对区间遗留车辆的停车位置和车数无误后，向区间两端站值班员发布调度命令封锁区间，根据断钩位置和分部运行原因确定开行救援列车。

（3）救援列车（单机）进入封锁区间拉回遗留车辆

救援列车（单机）进入封锁区间挂取遗留车辆时，不办理闭塞手续，开行救援列车车次，以列车调度员的命令作为进入封锁区间的凭证。接近遗留车辆2 km时，严格控制速度，以最高不超过20 km/h的速度运行，在防护人员处停车，按调车指挥人手信号进行作业。确认全部连挂妥当后，方准松开人力制动机，撤除防溜措施。

（4）确认区间空闲报请调度员发布开通区间调度命令

车站值班员根据助理值班员接车时的确认和司机的汇报，确认区间遗留车辆全部拉回后，报告列车调度员。列车调度员再度确认区间空闲后发布命令开通区间。

4. 不准分部运行的情况

列车分部运行存在着许多不安全因素，特别是取消运转车长、直达特快旅客列车实行单司机值乘后，对遗留车辆的看守、防护、防溜更加困难。因此，对列车分部运行必须严加限制。遇下列情况，列车不准分部运行：

（1）采取措施可整列运行时。
（2）对遗留车辆未采取防护、防溜措施时。
（3）遗留车辆无人看守时。
（4）司机与车站值班员及列车调度员均联系不上时。
（5）遗留车辆停留在超过6‰坡度的线路上时。

5. 列车分部运行的事故案例

【案例1】 车站误报前钩断裂导致救援方案错误

事故概况：

A站位于襄渝线K304+450 m，下行方与B站相邻，A站至B站间为双线继电半自动闭塞，A站到发场为6502继电联锁设备。A站站场设置的特殊之处是，从上行进站信号机至到发场下行端最外方道岔为一段单线咽喉区段，总长约1.8 km，与双线区间的分歧道岔为104号道岔。

××年×月×日02时07分，37222次货物列车从B站开出，02时28分运行到A站站内，因行人抢道紧急停车，造成机后第16位车辆钩舌断裂，列车在K305+550 m处分离。02时52分由本务机车牵引前半部16辆至Ⅰ场4道。根据A站值班员的报告，37222次货物列车机后第17位车辆前钩断裂需分部运行。

当时，A站上行进站信号机外停有47422次，列车调度员发布命令封锁B站至A站下行线区间，指派停留在B站的30100次本务机车担当救援，反方向开行58002次，拉回遗

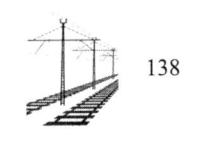

留车辆。

担当救援的 58002 次 03 时 48 分越过 A 站站界（当时该站站界标丢失）进入站内，挤过 104 号道岔后一直运行到救援地点。04 时 02 分连挂好后半部车辆，按调度命令折返开 58001 次，04 时 09 分，经过被挤坏的 104 号道岔时，机后第 4 位、第 5 位两辆空车脱轨。

原因分析：

（1）37222 次列车司机报告实际是机后第 16 位后钩断，A 站车站值班员错误理解为 17 位前钩断，向列车调度员报告错误信息，导致救援方案错误。

（2）37222 次司机对运行区段线路公里不熟，错报断钩地点里程，与实际误差 1050 m。

（3）A 站控制台上显示 37222 次分离的位置在 104 号道岔与 108 号道岔之间，与司机汇报断钩地点不一致，车站值班员却没有发现并纠正，仍按错报的里程向列车调度员汇报，导致列车调度员站内救援按区间救援发令。

（4）A 车站值班人员设备不熟，业务素质差，警惕性不高，责任心不强，表现在：

① 58002 次冒进站内，104 号道岔被挤后，控制台挤岔铃响，104 号道岔失去表示，信号员没有意识到 58002 次冒进且发生挤道岔，误认为是设备故障，通知电务处理。

② 明知 37222 次是在 A 站站内分离，却盲目接受区间救援的调度命令。接受调度员区间救援的命令后，却迟迟不准备 58002 次的接车进路。

③ 58002 次救援列车司机、担当运转车长的调车人员盲目执行调度命令，冒进 A 站站内，挤坏 104 号道岔竟毫无察觉，造成牵引后半部车辆经过该道岔时脱轨。

④ 列车调度员发布调度命令，对车站汇报的断钩地点、断钩位置没有核实。将站内救援错定为区间救援，按前钩断确定由后方站派出救援单机的错误方案，发布了脱离现场实际的错误命令。

事故教训：

（1）车站应加强业务学习，熟悉车辆知识，分清前后钩；熟悉控制台各种按钮、表示灯（光带）的功能。

（2）熟悉行车设备，不仅是站内设备，还包括区间设备，如公里数、长大坡道、桥梁、隧道、曲线、信号机名称、信号机位置及编号、平交道口等。建议车站组织职工到区间走一走，实际了解设备的具体位置，一旦区间发生事故，能够提供准确信息，保证救援方案正确制定。

（3）提高行车人员抢通意识，发生事故以后，要动作迅速、争分夺秒。

（4）增强安全意识，提高安全警惕性。救援列车 58002 次冒进 A 站、挤过 104 号道岔，机车乘务员、调车组全然不知；控制台挤岔铃响、104 号道岔失去表示，信号员误认为设备故障。这些充分反映了事故责任人责任心不强，业务素质不高，缺乏应有的安全警惕性。

（5）加强列车调度员业务学习，熟悉指挥区段内的一切行车设备，听取现场汇报并认真核对，防止发布错误命令。

（6）加强设备管理，站界标丢失应采取措施、及时栽补。建议设置站界标时增设水泥基础、涂刷反光面漆。

3.5.3　站内无空闲线路接车

1. 接车条件

站内无空闲线路接车也称为满线接车,是指车站正线、到发线及符合接车条件的线路,均有车占用(包括因故障封锁的线路)。

《技规》规定,在站内无空闲线路的特殊情况下,只准许接入为排除故障、事故救援、疏解车辆等所需要的救援列车、不挂车的单机、动车及重型轨道车。

2. 接车前的准备

接车前,车站值班员应亲自或派人确认接车线停留车辆距警冲标的距离。若距离不够,应指示其向前或向后移动,保证能容纳接入的列车。若该线停有机车、重型轨道车及各种动车,接车前应通知司机不得移动。

3. 接车方法

向有车线接车时,集中联锁车站应采用排列调车进路方式准备接车进路,不得开放进站信号。车站值班员在接车进路准备妥当后,指派助理值班员或调车长在进站信号机(或站界标)外方显示停车手信号,待列车停车后,将接入的线路、停留车位置、列车停车地点及有关注意事项告知司机,然后按调车方式将列车领入站内。

3.5.4　无双向闭塞设备的双线区间反方向或改单线行车

1. 反方向行车

《技规》规定,在双线区间,列车应按左侧单方向运行,仅限于整理列车运行时方可使列车反方向运行,但旅客列车仅在正方向区间的线路封锁施工、发生自然灾害或因事故中断行车等特殊情况下,经铁路局调度所值班主任准许,方可反方向运行。

(1)发车办法

① 发车前,须向列车调度员申请停基改电的调度命令,并转抄司机。

② 行车凭证为路票。路票票面上须加盖"反方向行车"印章。

③ 接受列车调度员命令后,双方站均应在控制台上加挂"电话闭塞"行车表示牌。

④ 布置准备发车进路时,须向有关人员讲清"反方向",并要求受令人复诵。利用排列调车进路或单操道岔方式准备发车进路。

(2)接车办法

① 布置接车进路须讲清"××站反方向开来××次进×道停车(通过)准备进路",并要求受令人复诵。

② 集中联锁车站未设反方向进站信号机时,可通过排列调车进路或单操道岔方式准备接车进路。

③ 指派引导员到站界标外方引导接车,下达命令必须加"反方向",并要求受令人复诵。

2. 改按单线行车

(1)准许双线改按单线行车的情况

① 双线之一线封锁施工时。

② 双线之一线设备发生故障或自然灾害不能行车时。
③ 双线之一线发生行车事故中断行车时。

（2）接发车办法

① 列车调度员发令封锁区间某一条正线，改按单线行车时，封锁区间两端站均应在控制台上加挂"区间×行正线封锁"表示牌。

② 执行列车调度员停基改电的调度命令，按单线行车办理电话闭塞手续。如果甲站连续向乙站发车，乙站需重新发出电话记录号码承认闭塞，甲站不可沿用前次列车到达乙站后开通区间的电话记录号码填发路票。

③ 双线改按单线行车后，正方向发车也必须停基改电，不允许一条正线上有两种闭塞方法交替使用。

3.5.5 站内接触网停电接发列车办法

当站内接触网因临时故障或检修等原因停电，而区间接触网有电时，车站如何保证不间断接发列车，严格按运行图行车，这是电气化铁路车站经常遇到的一种特殊情况。一般可采用列车滑行进站接车和补机推送列车出站的发车办法。

1. 列车滑行进站的接车方法

（1）列车滑行（惰力运行）进站接车

列车滑行进站接车是指列车按规定速度运行至接触网停电区外方时，电力机车降下受电弓，利用列车动能滑行进站，车站按有关规定将列车接入站内。

（2）适用条件

① 站内接触网停电而区间有电，列车进站方向为平道或下坡道时，经列车调度员准许，提前告知司机后，可采用列车惰力运行进站接车的办法。

② 区间接触网发生弓网事故或断线事故，致使有一个锚段（长度为 1000 m 左右）无电或无网，列车前进方向为平道或下坡道时，可利用惰力运行的方法，机车降下受电弓，利用动能闯过无电区或无网区后再升弓受电，牵引列车继续运行。

（3）安全注意事项

① 应在无电区（无网区）外方设置升、降弓标志（见图 3.6），或派人显示升、降弓手信号。对于最高运行速度大于 120 km/h 的旅客列车、行邮列车及最高运行速度为 120 km/h 的货物列车、行包列车运行的线路，在降下受电弓标的前方增设特殊降弓标；在降弓地段后方，设升起受电弓标。司机应加强瞭望，及时降弓、升弓，防止发生弓网事故。

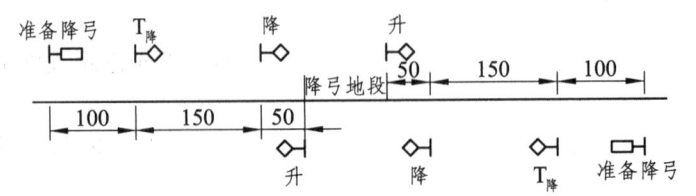

图 3.6 升降弓标设置图（单位：m）

② 列车调度员应发布"准许××站滑行进站接车"或"准许××××次列车自××公里

××米至××公里××米降弓通过"的调度命令，并抄给有关司机。

③ 列车降弓滑行前，司机应使机车总风缸和列车主管保持规定的风压，以便列车在断电滑行过程中不能使用电阻制动时，随时使用空气制动停车。

④ 原定滑行进站的列车已从邻站发出，接车站如因线路临时发生故障或其他原因，不准列车滑行进站时，车站值班员应关闭进站信号，列车应在断电标前（分相绝缘器设在进站信号机内方为进站信号机外）停车。机车乘务员应立即与车站值班员联系，待站内消除故障后，再开放信号将列车接入站内。

2. 补机推送列车出站的发车方法

（1）利用内燃机车推送出站

当站内接触网无电而区间有电时，发车站利用内燃机车作为后部补机，将列车推送至站外接触网有电区，在电力机车升弓受电后，由电力机车牵引列车继续运行，补机返回发车站。这种方法适用于站内接触网无电而区间有电，列车出站方向为平道或下坡道，内燃机车有能力将列车推送至区间接触网有电区时。

（2）利用电力机车推送出站

当无网区或无电区长度小于列车长度时，可利用电力机车担当补机，将本务机车推送出无电区，在本务机车升弓受电后摘下补机。这种方法常用于电气化铁路由电力机车担当事故救援时。

（3）安全注意事项

由于接触网分相绝缘器设置位置不同，有的设在进站信号机外方 1500～3000 m 处，有的设在站内或站外距离进站信号机只有 60～100 m 处。所以，后部补机是否需要越出站界、是否需要连接制动软管，均应视情况而定。

① 接触网分相绝缘器距进站信号机较近，推送补机不需要越出站界时，补机返回可按站内调车办理，一般不接制动软管。

② 接触网分相绝缘器距进站信号机较远，推送补机越出站界时，补机按区间返回车站的规定办理。虽然补机推送距离较远，补机连挂妥当后，仍可不接制动软管，在无电区推送的过程中，电力本务机车可利用空气制动使列车减速或停车。

推送补机由区间返回，在未设钥匙路签的车站，应报请列车调度员发布停基改电命令，填写两张路票，发给本务机车路票作为进入区间的行车凭证，发给后部补机路票副页，作为补机返回的行车凭证。

3.5.6　组合式重载列车接发

1. 组合作业方法

组合式重载列车是由两列开往同方向的货物列车在指定的车站组合而成。当组合站到发线有效长能容纳组合式重载列车时，组合重载作业方法有直接组合法和转线组合法两种。

（1）接入组合法

组合站集结编组前半部车列后，转场至发车线出站信号机内方，经过技术作业后，挂上本务机车。另一列（后半部）由其他站编成并经过技术作业后，按有车线接车办法，列车在

组合站进站信号机外停车，由接车人员以调车手信号将其领入站内，并与前半部车列连接在一起，如图 3.7 所示。

图 3.7　接入组合法

（2）转线组合法

当组合式列车前后两个车列均在组合站上集结编组时，其组合方法分两种：

① 当中部机车牵引的后半部车列在组合线上"坐编"时，前半部车列由本务机车牵出，返岔后与后半部车列连挂成为组合式列车，如图 3.8（a）所示。

② 当前半部车列在组合线上"坐编"时，后半部车列由中部机车推送至牵出线上，返岔后与前半部车列连挂成为组合式列车，如图 3.8（b）所示。

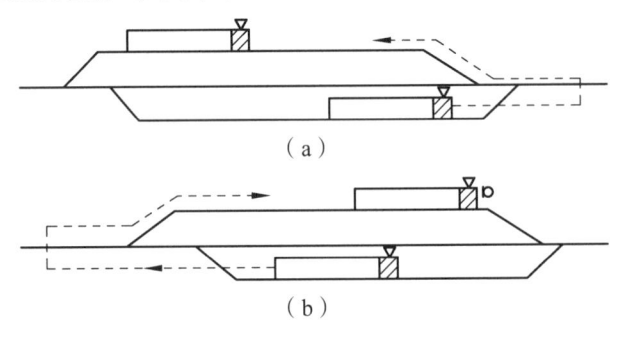

（a）

（b）

图 3.8　转线组合法

2. 接入分解作业方法

当组合式重载列车运行途中需在中间站停车会让其他列车，而接车站到发线有效长不能容纳该列车需对其进行分解时，根据具体情况，可采用一次接入分解法或站外停车后分别接入分解法。

（1）一次接入分解法

组合式重载列车凭进站信号机的显示进站，准许前半部列车越过出站信号机，待列车尾部越过接车线末端警冲标后停车，然后将前半部分车列，由本务机车牵出，返岔后推送至另一线路内，如图 3.9 所示。

图 3.9　一次接入分解法

（2）分别接入分解法

组合式重载列车根据进站信号机的显示进站，本务机车进站后在特设的停车标前停车。由中部机车摘开前后两部分车列，并用无线列调电话通知本务机车司机，牵引前半部分车列进入接车线，停于警冲标内方。车站值班员确认前半部列车到达停妥后，重新办理后半部列车的接车进路，并开放信号，将后半部列车接入另一股道，如图 3.10 所示。

图 3.10　分别接入分解法

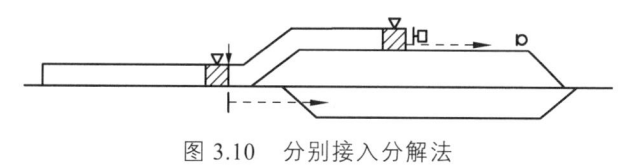

3. 发车方法

发车工作仍由车站值班员或助理值班员负责。由于组合式重载列车较长，车站发车人员与本务机车司机联系、司机确认发车人员的发车手信号均比较困难。当车站发车人员确认组合式重载列车完全具备发车条件后，用无线列调电话通知车站值班员准备发车进路，开放出站信号。司机凭出站信号显示开车，车站发车人员不再显示发车信号。

当出站信号机临时发生故障时，车站值班员应立即向列车调度员报告，经列车调度员批准后改用电话闭塞。按《技规》规定填发路票和调度命令（自动闭塞区间为绿色许可证）作为出发列车占用区间的凭证。但有些铁路局规定，车站值班员办理电话闭塞后，认真确认发车进路，不填发凭证，直接用无线列调电话（通信记录装置良好）将承认闭塞的电话记录号码通知司机，司机可根据车站发车人员显示的发车手信号开车。

组合式重载列车中间站停车超过 20 min 或重新组合后发车前，应按《技规》规定进行简略试风。

开车前，由本务机车负责利用列尾装置进行简略试风。助理值班员携带无线列调电话到列车尾部，确认全列车通风良好、尾部车辆缓解后，方可用无线列调电话通知本务机车司机开车。列车运行途中，列车制动系统由本务机车负责充风。

4. 万吨级重载组合列车接发

目前，大秦线、侯月线、朔黄线广泛开行万吨级重载组合列车，编组形式为：机车+货车+机车+货车。这种重载组合列车基本上由两列单机牵引 5000 吨列车组合而成。大秦线还开行 2 万吨重载列车，其编组方式为 2×1 万吨、4×5000 吨两种。这里只介绍 1 万吨级组合列车的接发方法。

（1）万吨重载组合列车的接车方法

① 接车线有效长能容纳 1 万吨级重载组合列车，且接车线中部设有腰岔和进路信号机时，先将前一列车接入腰岔前股道，停于"万吨列车停车标"处。后股道接车前，车站须用列车无线列调电话通知后一列车司机，并将其接入后股道停车。组合时，开放调车信号，由车站组织与前一列车连挂。

② 接车线有效长满足组合列车长度，但接车线中部未设进路信号机时。按正常接车办法先将前一列车接入并停于"万吨列车停车标"处。再接入后一列车时，车站值班员应使用列车无线列调电话通知列车司机在进站信号机外停车后，再开放引导信号并派人在距停留车 150 m 处用停车手信号防护。后一列车凭引导信号进站并在防护信号前一度停车。车站通知前半部列车司机后，组织指挥后半部列车与前半部列车连挂。

③ 到发线有效长不能容纳组合列车时，可按超长列车办法接车，或分别接入相邻两条到发线。

（2）万吨组合列车列尾装置与简略试风

万吨级重载组合列车必须安装列尾装置。万吨级列车组合作业完成后，本务机车（前半部分列车机车）和中部机车（后半部机车）应互相通报机车号，由本务机车与列尾主机建立一对一关系，中继器挂于中部机车后面第 3 位车辆上。

始发站对万吨级组合列车自动制动机进行简略试验时，本务机车、中部机车采取同步减压量为 170 kPa，中部机车不参与缓解。其他情况简略试验时，本务机车减压量为 100 kPa，中部机车不参与制动和缓解。

（3）万吨重载组合列车分解发车方法

① 发布临时加开列车的调度命令。

开行万吨级重载组合列车的车次是在前半列基本车次前冠以"H"（读音为"合"）。因此，该列车在运行途中的某一车站需分解为两列后再继续运行时，中部机车牵引的后半部列车相当于临时加开的列车。发车前须向中部机车司机发布有关组合列车分解后开行的车次、发车时刻等方面的调度命令。

② 分解发车作业。

a. 线路有效长能满足分解组合列车作业的要求时，由车站负责组织分解、拉档。一列分解为两列后，前、后两列车分别进行自动制动机的简略试验，分别按规定发车。

b. 当分解作业站到发线不能容纳万 t 级重载组合列车时，分解办法又分为以下两种：

一是无后续列车时，组合列车按进站信号机显示进站，前半部列车头部停于出站信号机内方，后半部列车尾部停于接车线警冲标外方。组合列车停车后，由车站负责分解、拉档作业。前部列车自动制动机进行简略试验后，按规定发车。前部列车出发后，后部列车按调车方式全部进入警冲标内方后，按规定进行简略试验并发车。

二是有后续列车时，接车前，车站值班员应与前方站办妥闭塞或发车预告后，开放出站信号机，允许重载组合列车头部越过出站信号机，直至尾部越过接车线末端警冲标后停车。由车站按规定进行分解、拉档作业。前部列车自动制动机简略试验后，根据车站值班员的通知尽快开车；后部列车根据后续列车的会让计划按规定发车。

3.5.7 自动闭塞区间双线双向闭塞设备改变闭塞方向

1. 控制台上的按钮和表示灯

在双线双向自动闭塞车站的控制台上，每一接发车方向设一组改变运行方向的按钮和表示灯。

接车方向表示灯——黄色（U），点亮时表示该方向该站为接车站。

发车方向表示灯——绿色（L），点亮时表示该方向该站为发车站。

监督区间表示灯——红色（H），点亮时表示对方站发车进路已经建立或列车正在占用区间。

辅助办理表示灯——白色（B），点亮时表示正在使用辅助按钮办理改变闭塞方向。

接车辅助按钮和发车辅助按钮——两位自复式带封按钮，辅助办理改变闭塞方向。

计数器——记录使用辅助按钮的次数。

2. 改变闭塞方向的办理

（1）正常办理

改变闭塞方向的前提是：监督区间表示灯灭灯，对方站未建立发车进路，区间空闲。

查看本站接、发车方向表示灯，若本站接车方向表示灯黄灯点亮，则本站为接车站。若本站要发车，应确认区间空闲、监督区间表示灯灭灯，只要办理发车进路就可以自动改变闭塞方向。这时本站原接车方向表示黄灯熄灭，发车方向表示绿灯点亮。对方站原发车方向表示绿灯熄灭、接车方向表示黄灯点亮，闭塞方向改变完毕。也就是说，在区间空闲的情况下，谁建立发车进路，谁就自动改变闭塞方向成为发车站。当列车由本站出发完整到达邻站、区间空闲9s后，若本站没再办理发车进路，则监督区间表示红灯才熄灭。

（2）辅助办理

当区间的检查设备故障或方向电路发生故障，出现"双接"现象（即区间两端站同时为接车状态，双方控制台上接车表示灯都点亮、发车表示灯都灭灯，两站的监督区间表示灯同时点亮），不能正常改变闭塞方向时，车站值班员在确认区间空闲后，向列车调度员申请使用总辅助按钮的命令，破封按压总辅助按钮改变闭塞方向。

① 继电联锁车站辅助办理的方法。

a. 区间两端站值班员电话联系，共同确认区间空闲，由需要改为发车方向的车站值班员向列车调度员申请调度命令。

b. 列车调度员接到车站值班员申请使用辅助按钮的请求后，应详细了解现场情况，查明区间空闲，方可向区间两端站同时发布调度命令（见表3.4）。

表3.4 调度命令

××××年××月××日××时××分第×××××号

受令处所	××站、××站	调度员姓名	张安全
内容	根据××站请求，现查明××站至××站间×行线区间空闲，准许××站使用总辅助按钮改变闭塞方向。		

（规格 110 mm×160 mm）受令车站 ××站 车站值班员 秦勇

c. 需要改为发车方向的车站先破封，同时按下总辅助按钮和发车辅助按钮不松手，通知接车站办理。查询接车站接车表示灯亮稳定黄灯、发车站发车表示灯亮稳定绿灯，发车站值班员方可松手。

接车站值班员接通知后，立即破封同时按下总辅助按钮和接车辅助按钮，确认两站的辅助表示灯点亮稳定白灯方可松手。9 s后，两站的区间监督表示灯灭灯，改变闭塞方向完成。

运行方向改变9 s后，如遇两站的区间监督表示灯仍不熄灭，则有可能是区间轨道电路故障还未排除，此时该站第一列发车按调车方式排列进路，向列车调度员申请停基改电的命令，使用路票开车。故障消除后，再按正常办理发车。

② 计算机联锁车站辅助办理的方法。

计算机联锁车站办理前也应确认区间空闲，由需要改为发车方向的车站向列车调度员申请使用总辅助按钮的命令。

具体操作方法分别介绍如下：

a. DS6-11 型。

需改变发车方向的车站事前通知接车方向站共同办理。欲改发车方向站先点击发车方向的总辅助按钮和破铅封按钮（总辅助按钮保持按下状态 10 s），10 s 内点击发车辅助和破铅封按钮，25 s 内发车辅助按钮的图形由空心圆变为实心圆，说明该按钮在保持按下状态，辅助表示灯开始白色闪光。

接车方向站须在 25 s 内破铅封点击对应方向的总辅助按钮及接车辅助按钮，待两站的辅助表示灯亮稳定白灯，接车站才能松开。接车站接车表示灯亮稳定黄灯，发车站发车表示灯亮稳定绿灯，完成闭塞方向改变，接着两站的辅助表示灯熄灭。

如 25 s 内发车站的发车表示绿灯未点亮，则应在 25 s 倒计时结束前，重复点击总辅助按钮和发车辅助按钮（破铅封），使发车辅助按钮重新计时、保持按下状态，通知接车站继续办理，直至完成改变闭塞方向。

b. 铁科 TYJL-Ⅱ型。

需改变发车方向的车站，点击发车方向的总辅助按钮（输入口令），点击发车辅助按钮（10 s 内重复点击、使该按钮保持按下状态），在此时间内通知接车站办理。

接车站接到通知后，点击接车方向的总辅助按钮（输入口令），在发车方辅助按钮保持按下状态时间内点击接车辅助按钮。

双方确认总辅助按钮表示灯由闪光变为稳定灯光，直到接车站接车表示灯亮稳定黄灯，发车站发车表示灯亮稳定绿灯，闭塞方向改变完成。

因总辅助按钮为非自复式，使用完后注意清除。

3.5.8 列车退行

在不得已情况下列车必须退行时，车辆乘务员或随车机械师（无车辆乘务员或随车机械师时为指派的胜任人员）应站在列车尾部注视运行前方，发现危及行车或人身安全时，应立即使用紧急制动阀（紧急制动装置）或使用列车无线调度通信设备通知司机，使列车停车。

列车退行速度不得超过 15 km/h。未得到后方站（线路所）车站值班员准许，不得退行到车站的最外方预告标或预告信号机（双线区间为邻线预告标或特设的预告标）的内方。

车站接到列车退行的报告后，除立即报告列车调度员外，根据线路占用情况，可开放进站信号机或按引导办法将列车接入站内。

下列情况列车不准退行：

（1）按自动闭塞法运行时（列车调度员或后方站车站值班员确认该列车至后方站间无列车，并准许时除外）。

（2）在降雾、暴风雨雪及其他不良条件下难以辨认信号时。

（3）一切电话中断后发出的列车（持有附件 3 通知书 1 的列车除外）。

挂有后部补机的列车，除上述情况外，是否准许退行由铁路局规定。

动车组列车在区间被迫停车后须返回后方站时，车站值班员确认动车组列车至后方站间已空闲后，经列车调度员同意，通知司机返回。司机根据车站值班员的通知，在动车组列车运行方向（折返）前端操作，运行速度不得超过 40 km/h，按进站信号机显示进站。

任务 3.6 施工维修时的接发列车

向封锁区间开行路用列车和救援列车也是非正常情况接发列车的一种，其特点主要表现在：一是列车进入的区间是封锁区间；二是只限于路用列车和救援列车才能进入；三是列车进入封锁区间时不办理闭塞手续，行车凭证为调度命令（遇调度电话中断时，凭车站值班员命令）；四是列车进入封锁区间的目的是完成某项特定的任务。

3.6.1 封锁区间的概念及分类

1. 封锁区间的概念

封锁区间是指区间施工或发生自然灾害、行车事故等原因，只准救援或路用列车根据列车调度员的命令进入的区间。

2. 封锁区间的分类

（1）封锁区间施工。主要对区间内的线路、桥梁、隧道、信号、接触网等设备有计划的施工维修或安装新设备。这类封锁区间要求纳入施工方案，各部门要提前做好准备，事先在列车运行图中预留施工"天窗"。

（2）封锁区间救援。当区间内的行车设备故障、损坏或发生行车、人身伤亡等事故，迫使行车中断时，列车调度员发布命令封锁区间并开行救援列车（单机）的区间。这种封锁区间是突发性的、事前无准备的、被动的封锁区间。

3. 向封锁区间开行路用列车和救援列车的不安全因素

向封锁区间开行路用列车和救援列车，一是误用基本闭塞设备开放出站信号，错误地使用行车凭证发车；二是误将其他列车放入封锁区间。因此，车站值班员、信号员遇区间封锁时，必须在控制台上及时加挂"区间封锁"表示牌，以防误办。

3.6.2 向封锁区间开行路用列车

1. 路用列车的概念

路用列车不以营业为目的，专用于运送铁路内部的路料、施工机械或非运用车专列等特别开行的列车。进入封锁区的路用列车主要有以下几种：

（1）为运送施工作业人员及其携带的工具、少量器材而开行的列车。

（2）为施工维修或抢险救灾而开行的按列车办理的大型养路机械、发电车、轨道车及轻型车辆等。

（3）为运送或回收路料、器材，如道砟、钢轨、枕木、电缆、接触网支柱等而开行的列车。

2. 向封锁区间开行路用列车的原则

（1）封锁区间的两端站必须在接到列车调度员关于封锁区间的命令后，立即在控制台上加挂"封锁区间"表示牌，或在闭塞按钮上安放安全帽、卡，或在闭塞电话上揭挂行车表示牌，以防误办闭塞。

（2）向封锁区间发出路用列车时，不得开放出站信号。集中联锁车站应通过排列调车进路或单操道岔（应使用接通光带按钮确认进路正确后单锁）准备发车进路。发车进路准备妥当后，方可填发作为行车凭证的调度命令。

（3）向封锁区间开行路用列车，原则上每端只准进入一列，如超过时，其安全措施及运行办法由铁路局规定。

（4）路用列车应由施工单位指派胜任人员，携带无线列调电话值乘于列车尾部，并在区间协助司机作业。

（5）施工完毕后，施工负责人、车站值班员应确认进入封锁区间的路用列车已全部返回车站。车站值班员根据施工负责人在运统46上签认"施工完毕、区间空闲、线路恢复正常使用"的报告，报请列车调度员发布开通区间的调度命令。如有限速要求时，应同时报告列车调度员发布限速命令。

3. 数列路用列车进入封锁区间的补充规定

现摘录某铁路局根据《技规》要求对数列路用列车同时进入封锁区间做出的补充规定，以供参考。

（1）数列路用列车进入一个封锁区间时，只能在施工负责人的统一领导下进行。有两个以上单位的路用列车同时进入一个封锁区间作业时，由为主的施工单位或铁路局指定的施工负责人统一领导。

（2）同方向开行路用列车时，前行列车到达作业地点并做好防护后，方准开行后行路用列车进入封锁区间。路用列车由施工现场返回车站时，施工领导人只有在得到接车站值班员关于前行列车已到达车站的通知后，方准开行后一列车。

（3）无论相对方向或同方向开行的路用列车，两列车停车距离或距施工点不得少于1000 m。必须少于时，先一度停车后，再按调车办理。

（4）在长大下坡道的区间，禁止办理两个及其以上的路用列车从一个车站进入同一封锁区间。

（5）路用列车进入封锁区间后，禁止分开返回车站。遇特殊情况必须分开返回时，由区间施工负责人亲自通知车站值班员返回的顺序及机车、动车号码和带车辆数，以便车站接车人员确认区间所有机车、车辆全部返回车站。

3.6.3 向封锁区间开行救援列车

救援列车是一级救援组织，设主任、副主任、专业技术人员、起重机司机和起重工等，由主任负责救援列车全面工作。在事故救援中由救援列车主任单一指挥。

救援列车由材料车、工具车、发电车、炊事车、宿营车等组成，一般配备160吨、100吨内燃轨道起重机，所辖半径为200 km。救援列车配备的轨道起重机应编挂在救援列车的一端，不得编挂在中部，便于单独开行时迅速出动。救援列车分为特等救援列车（担当路网性编组站救援任务）和一等救援列车，停放在局指定的车站站线或机务段段管线上。

救援列车接到救援命令后,应做到出动及时、方案准确、救援迅速、最大限度地减少事故损失。

1. 救援列车的开行准备

(1)车站值班员接到司机或工务、电务人员的救援请求后,应立即报告列车调度员,不得延误。立即通知站长和站区有关部门。

(2)机务段接到救援列车出动的调度命令后,应立即指派担当救援列车的本务机车。救援列车的本务机车应连续鸣示一长三短声警报信号。

(3)救援列车值班人员接到救援命令后,应立即召集救援列车专业人员迅速做好准备。根据调度命令需要同时出动的救援班,应迅速赶往救援列车所在地。保证救援列车在 30 min 内出动。

(4)救援列车所在站值班员必须提前做好发车准备。

(5)列车调度员应及时发布调度命令封锁区间,及时调整列车运行,提前扣押开往事故区间方向去的列车,以防事故区间两端站发生堵塞。

(6)事故区间两端站值班员必须保证有不间断接发救援列车的空闲线路。必要时,组织机车腾空线路、合并使用线路,为救援列车的机车转线、调车、停放车辆做好准备。

(7)在事故调查委员会人员到达前,事故现场附近车站站长或车站值班员应携带行车备品随乘开往事故区间的第一列救援列车进入区间,了解事故情况,积极组织抢救,担当行车指挥。成立线路所时,担当线路所值班员工作。

2. 救援列车的开行

(1)救援列车进入事故封锁区间前所途经的区间,仍按原行车闭塞法行车。各站值班员应优先放行救援列车,不准拖延,全力保证救援列车以最快的速度赶赴事故现场。

(2)向封锁区间发出救援列车时,不办理行车闭塞手续,以列车调度员的命令作为进入封锁区间的凭证。

(3)调度命令应包括受令人、开行的车次、封锁的区间、救援的地点、限制的速度、接车的方式等内容。命令中还应注明:双线区间的上(下)行线别;救援起复后的运行方向。救援列车应在救援地点前(××km、××m)一度停车。

(4)封锁区间内成立临时线路所时,站、所间接发救援列车应取得列车调度员和对方站值班员的同意,及时报点,填写《行车日志》。

(5)当调度电话不通时,应由接到救援请求的车站值班员根据救援请求办理,救援列车以车站值班员的命令作为进入封锁区间的许可。命令发布站应用行车电话向邻站传达命令,并听取复诵。"调度命令"中"受令车站"可改为"发令车站",调度员姓名栏可填写"调度电话不通"。

3. 救援列车开行的安全关键

(1)车站值班员、列车调度员必须准确掌握事故地段、事故车辆位置。接到机车乘务员或巡道工等的报告后,根据区间里程计算方向认真核对其是否正确,以免调度命令中的救援地点不准而诱发新的事故。

(2)调度命令的限速,不仅要根据线路允许速度,还要考虑机车车辆、轨道起重机的构造速度，防止超速。

（3）车站值班员申请列车调度员发布开通封锁区间命令前，必须确认区间空闲，事故机车、车辆全部拉回，线路、接触网已恢复正常使用。如区间开通后还有限速或降弓通过等特殊要求时，须在开通命令中注明。

3.6.4　开行救援、路用列车事故案例

【案例1】 按调车方式开行列车进入区间，构成向占用区间接入列车事故

事故经过：

××年×月×日，××供电段××接触网工区计划在甲—乙站间停电检修接触网。14点14分，甲站值班员在未与邻站办理闭塞的情况下，擅自同意接触网工区轨道车按越出站界调车方式进入区间，口头通知接触网工区轨道车司机凭调车信号进入区间，16时前返回。当时信号员正在睡觉，值班员叫助理值班员上信号楼监听电话，但未通知其区间有车，自己也开始睡觉。

15点19分，乙站向甲站请求56009次闭塞，甲站助理值班员未确认区间空闲，擅自承认闭塞，信号员睡醒后也未确认，便办理了接车闭塞。15点26分，56009次从乙站通过后，司机使用无线列调电话呼叫甲站，呼叫声惊醒了甲站值班员。当他紧急呼叫接触网工区轨道车立即返回车站时，56009次已经进入区间，构成甲站向占用区间接入列车的一般C类事故。

事故原因：

（1）调度所××台列车调度员得知甲站接触网工区轨道车要进入区间，仅以口头方式同意开行路用列车57006次，区间折返57007次，未向甲站、乙站下达停止基本闭塞法的调度命令。

（2）甲站值班员严重违反《技规》规定，既不向列车调度员请求停基改电的命令，又不与邻站办理电话闭塞手续，仅凭调车信号进入区间，属于开"黑车"。

轨道车进入区间后，甲站值班员离岗睡觉，严重违反劳动纪律；将行车指挥权交予助理值班员，违反单一指挥；离岗前未通知助理值班员区间有车，为事故的形成埋下了严重的隐患。

（3）甲站助理值班员"低职代高职"越权指挥，同时违反了《技规》"办理闭塞时，应确认区间空闲"的规定。

（4）甲站信号员值班时间睡觉，严重违反劳动纪律。办理57009次接车闭塞未确认区间空闲，违反《技规》规定。

（5）接触网工区驻站人员和轨道车司机缺乏行车基本常识，不懂得调车信号不能作为列车占用区间的行车凭证。

事故教训：

（1）车站应严格劳动纪律，值班严禁打盹睡觉，认真吸取特大事故的惨痛教训。

（2）加强技术业务培训，提高职工素质。车站值班员、轨道车司机都把调车信号作为列车占用区间的凭证，单线区段列车进入区间不与邻站办理闭塞擅自开车，都反映了职工业务素质的差距。

（3）列车调度员未按规定下达停止基本闭塞法的调度命令，口头同意甲站向区间开行路用列车57006次、折返57007次，貌似合法的口头同意实际上支撑了车站值班员的违章行为。

（4）该班职工缺乏责任心，大白天值班睡觉、轮流指挥，值班员离岗不交清，信号员睡醒不确认，多人违章酿成事故。

【案例2】麻痹大意向封锁区间发出直达列车

事故经过：

××年×月×日 05 时 20 分，某铁路局双线甲—乙站上行线封锁施工。由××机务段 DF41894 号机车牵引 85066 次货物列车按调度命令应当在甲站停车，由于车站值班员错误办理，致使该列车于 05 时 20 分通过甲站进入封锁区间，用无线列调电话呼叫后停车。构成向封锁区间发出直达列车的一般 C 类事故。

事故原因：

（1）甲站值班员违反《技规》"有关行车人员必须执行列车调度员命令"的规定，错误办理 85066 次列车在本站通过，进入封锁区间。区间封锁后，未按规定在控制台上揭挂"区间封锁"提醒牌或加装安全帽。违反《铁路接发列车作业》标准，85066 次未向邻站预告发车。

（2）甲站助理值班员违反作业标准，不看、不问封锁区间的命令内容，车站值班员开放 85066 次通过信号后就出去接车，没有起到互控、他控作用。

（3）机车乘务员严重违章，已经接到调度命令，明知甲—乙站间上行线封锁施工，当列车接近甲站，车站使用无线列调电话通知其通过时，既不询问也不执行调度命令，本可以防止的事故不但没有防止，反而违章进入封锁区间。

事故教训：

（1）应加强安全教育，使职工充分认识到在控制台上加挂各种行车表示牌的重要性，在今后的工作中坚决执行。

（2）助理值班员、信号员、值班员除了必须做好本职工作外，还应履行互相监督、互相提醒的义务。教育职工行车工作一定要主动配合、紧密联系、协同动作，树立团队精神，大家都操安全的心。

（3）增强机车乘务员执行命令的坚决性。手中的调度命令就是在甲站停车的根据，即使计划发生变化，但没有收到变更后的命令，在甲站停车也是合法。教育乘务员深刻认识到错误进入施工区间的危害性。

任务 3.7　相对方向同时接车及同方向同时发接列车

3.7.1　相对方向同时接车的概念

1. 相对方向同时接车

相对方向同时接车，是指自车站一端开放进站信号机起至列车全部进入接车线警冲标内方停妥的时间内，也开放另一端的进站信号机，接入相对方向的列车，如图 3.11 所示。开放进站信号机，包括开放接车进路信号机、显示引导信号。相对方向同时接车的定义的要点在于，一方接车的过程中，另一方也开始接车，两端作业时间上没有完全错开。

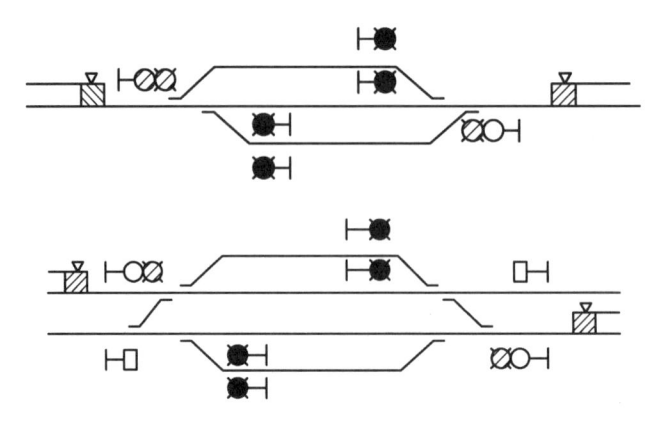

图 3.11 相对方向同时接车

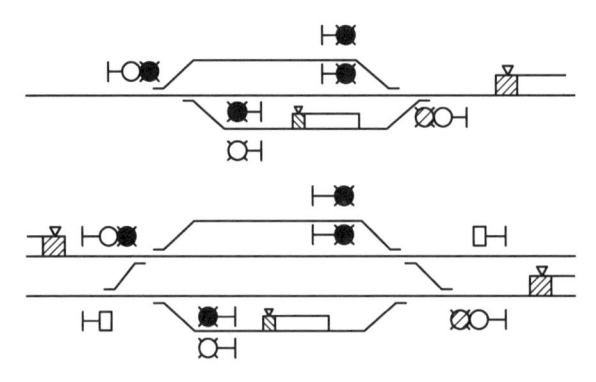

2. 同方向同时发接列车

同方向同时发接列车，是指自车站一端开放进站（出站）信号机至列车全部进入接车线警冲标内方停妥（出站）的时间内，也开放另一端的出站（进站）信号机，发出（接入）同方向列车，如图 3.12 所示。开放出站信号机，包括开放发车进路信号机或使用书面凭证发车时显示发车信号。

图 3.12 同方向同时发接列车

相对方向同时接车的定义的要点在于，一方接车的过程中，另一方也开始发车，两端作业时间上没有完全错开。

相对方向同时接车和同方向同时发接列车在车站接发车工作中经常遇到，对于避免列车机外停车、压缩会车间隔时间和列车停站时间、提高区间通过能力和列车旅行速度都有好处。列车司机按信号显示行车，使列车停在规定位置是对司机的起码要求。但在车站接发列车工作中，因司机操纵不当或其他原因，列车有可能会冒进信号，与另一列同时进出站的列车发生冲突，造成严重损失，特别是其他列车侧面冲撞旅客列车，影响就更为严重。为此，《技规》对车站相对方向同时接车及同方向同时发接列车有了限制，在列车不能正确停车时以减少损失。

3.7.2 禁止办理相对方向同时接车

为保证车站接发列车的效率和作业安全，根据进站方向的坡度、接车线末端有无隔开设备、列车的性质及列车运行监控记录装置是否正常，《技规》对车站办理相对方向同时接车或同方向同时发接列车有如下限制。

1. 线路设备条件的限制

进站信号机外制动距离内,进站方向为超过 6‰ 下坡道,而接车线末端无隔开设备,如图 3.13 所示。

把一条进路与另一条进路隔开,使这两条进路的接发车作业或调车作业互不干扰的安全设备叫作隔开设备。接车线末端的隔开设备包括安全线、避难线、平行进路及能起隔开作用的有联锁的防护道岔。联结接车线末端道岔且无机车、车辆、动车、重型轨道车占用的牵出线、货物线、岔线等也可作为隔开设备。脱轨器在这里不可以作为隔开设备使用。

列车在坡度超过 6‰ 的下坡道上运行时,下滑力超过走行阻力,即使无动力运行,运行速度也会加大。如司机不能正确施行制动,列车进站时可能越过接车线末端警冲标。该线末端未设隔开设备,就有可能与另一列车发生冲突。进站信号机外制动距离内的坡度为换算坡道,即平均坡度减去曲线阻力当量坡度。超过 6‰ 的坡度由工务部门提供,在铁路局《行规》内公布。电务部门设计此类车站信号时,有关信号应按敌对信号设计。引导接车时不能控制敌对信号,由车站值班员人工控制。

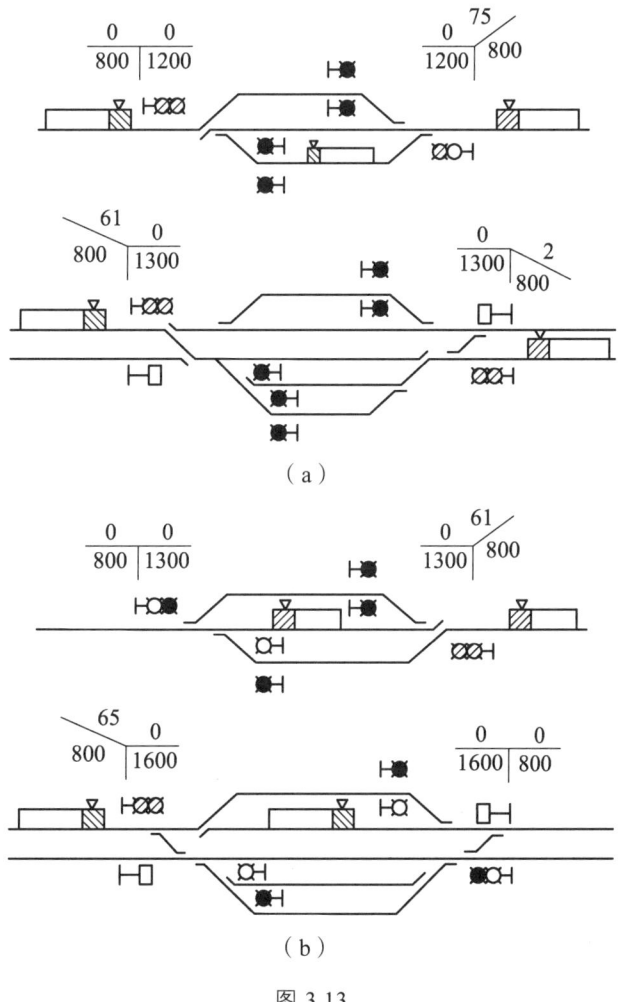

(a)

(b)

图 3.13

2. 接发旅客列车时的限制

在接、发旅客列车的同时，接入列车运行监控记录装置发生故障的列车而接车线末端无隔开设备（单机、动车及重型轨道车除外）。

机车均装设有列车运行监控记录装置，能发出音响告警或自动停车。当列车运行监控记录装置发生故障时，机车乘务员一旦疏忽大意或操纵不当，有越过接车线末端警冲标的可能。若接车线末端无隔开设备，就有可能与车站另一端进出站的列车发生冲突。为确保旅客列车安全，特别是为了防止其他列车侧面冲撞旅客列车而造成大量人员伤亡，规定此条。单机、动车及重型轨道车制动距离短、停车快，发生问题后采取措施比其他列车容易，故不受此项限制。

车站应将不能办理相对方向同时接车和同方向同时发接车的情况纳入《站细》。

3.7.3　不能同时接车和不能同时发接列车的处理

车站不能同时接车而两列车同时接近车站时，势必先将一个方向的列车接入站内停于警冲标内方后，再开放另一端进站信号机，接入另一列车。此时，车站值班员应选择合理的接车顺序。在确定先后顺序时，应先接后面有续行列车的列车、停车后起动困难的列车、不适于在站外停车的列车，其他情况应汇报列车调度员后执行。遵照先客后货、先快后慢的原则，一般可考虑旅客列车与非旅客列车交会时，应先接旅客列车；停车列车与通过列车交会时，应先接停车列车，非超长列车与超长列车交会时，应先接非超长列车；进站方向为下坡道的列车与进站方向为平道或上坡道的列车交会时，应先接进站方向为平道或上坡道的列车。

禁止办理同方向同时发接列车时，原则上应先接后发，避免列车在站外停车，亦可根据列车调车员指示办理。

思考题：

1. 什么是电话闭塞法？使用电话闭塞法行车的安全关键是什么？
2. 如何判断接发列车进路上的对向道岔及邻线上的防护道岔？
3. 集中联锁设备中引导接车的安全关键是什么？
4. 一切电话中断后如何确定优先发车站？
5. 当轨道电路出现异常时，如何采取措施防止错办接发列车事故的发生？
6. 到发线轨道电路发生故障时如何办理接发接车？
7. 半自动闭塞设备故障按钮如何使用？
8. 禁止办理相对方向同时接车及同方向同时发接列车的情况有哪些？
9. 在办理相对方向同时接车和同方向同时发接列车时，哪些设备可以作为隔开设备使用？
10. 相对方向不能同时接车时应先接入什么列车？
11. 什么情况下应采用引导进路锁闭方式开放引导信号接车？有何注意事项？
12. 什么情况下应采用引导总锁闭方式开放引导信号接车？有何注意事项？
13. 什么情况下必须采用引导手信号接车？有何注意事项？
14. 站内无空闲线路接车时对接入列车有什么限制？怎样将列车接入站内？
15. 超长列车尾部停在警冲标外方，接入相对方向列车有何限制？

16. 车站值班员发现进站或出站信号机故障时应如何处理？夜间进站信号机灯光熄灭怎样处理？

17. 出站信号机故障（包括进路表示器、反方向表示器或发车线路表示器）时怎样发出列车？

18. 对正线、到发线的调车作业有何要求？接发旅客列车时对可能侵入接发列车进路的调车作业有何限制？

19. 电话闭塞法的特点是什么？缺点是什么？

20. 哪些情况下需停用基本闭塞法改用电话闭塞法？

21. 改用电话闭塞法需经谁批准？为什么在改用闭塞法时须确认区间空闲？

22. 办理电话闭塞时，哪些情况需发出电话记录？电话记录的编号有什么要求？

23. 电话闭塞法的行车凭证及发给行车凭证的依据是什么？

24. 填写路票应注意哪些问题？为什么强调发车进路准备妥当后才能填写路票？

25. 路票和绿色许可证在使用上有什么区别？

26. 什么叫车站一切电话中断？列车进入区间的行车凭证是什么？

27. 一切电话中断后自动闭塞作用良好时怎样行车？凭证是什么？应注意哪些问题？

28. 一切电话中断后单线区间怎样行车？哪些车站为优先发车站？优先发车的车站无待发列车时怎样处理？电话中断后发出第一列列车为什么要查明区间空闲？

29. 一切电话中断后双线怎样行车？发车有哪些限制？电话中断后发出第一列列车时，什么情况下需查明区间空闲？

30. 一切电话中断后发出同方向运行列车的间隔时间是怎样规定的？

31. 一切电话中断后禁发哪些列车？

32. 试述单线区间车站电话呼唤 5 min 无人应答时的行车办法。

参考文献

[1] 中国铁路总公司. 铁路技术管理规程[M]. 北京：中国铁道出版社, 2014.

[2] 高双喜. 接发列车工作[M]. 北京：中国铁道出版社, 2015.

[3] 陈小波. 接发列车作业和方法[M]. 北京：中国铁道出版社, 2010.

[4] 国家铁路局. 铁路接发列车作业：TB/T 30001—2020[S]. 北京：中国铁道出版社, 2020.

[5] 佟罡, 张伟. CTC、计算机联锁设备故障非正常情况下的接发列车[M]. 北京：中国铁道出版社, 2011.

[6] 国家铁路局. 铁路车机联控作业：TB/T 30003—2020[S]. 北京：中国铁道出版社, 2021.